Die Herausgeber:

Anja Gundlach (37) ist Theologin und arbeitet derzeit als Familienfrau. Martin Gundlach (39) ist Chefredakteur der Zeitschrift family. Die Runde an ihrem Tisch wird vervollständigt durch die Töchter Anna-Luise (9), Marie (7) und Caroline (2) – und oft durch Gäste.

Anja und Martin Gundlach haben auch das Vorwort und „Regeln am Familientisch" geschrieben.

Druck und Bindung: Graficas Estella, Spanien
ISBN 3-417-24875-2
Bestell-Nr. 224.875

Gestaltung, Satz und Umschlaggestaltung: Dietmar Reichert, Dormagen
Familienfotos: privat; Foto S. 38, 51: Günther Frowein, Worpswede
Hinweis: Das vorliegende Buch ist sorgfältig erarbeitet worden. Dennoch erfolgen alle Angaben ohne Gewähr. Weder Herausgeber noch Verlag können für eventuelle Fehler oder Schäden, die aus den im Buch gegebenen praktischen Hinweisen resultieren, eine Haftung übernehmen.
Redaktion: Stephanie Dressler
Die Rezepte stammen von den genannten Einsendern.

Quellen:
Ernährungspyramide, aid-Infodienst, Idee S. Mannhardt.
Monika Arndt: Das Kinder-Kochbuch. Deutscher Taschenbuch Verlag, München.
Tischgebete „Das Brot ist warm und frisch" und „Für den Fisch auf unserm Tisch" aus: Grosche: Du machst mich froh, Gabriel Verlag (Thienemann Verlag GmbH), Stuttgart – Wien.

ANJA & MARTIN GUNDLACH (Hrsg.)

DAS family KOCHBUCH

DIE LESERREZEPTE

R. Brockhaus Verlag Wuppertal

Inhalt

„Das würde uns auch schmecken!"

„Davon hätte ich gerne das Rezept! Das würde meiner Familie auch schmecken!" Mit diesen Sätzen endete schon des öfteren das Essen bei Freunden. Manchmal klappte dann der angestrebte Informationsfluss und das neue Rezept wurde Teil unseres Alltags als fünfköpfige Familie. Oft aber verebbte die gut gemeinte Initiative schnell wieder (Weil kein Stift greifbar war. Weil der Zettel plötzlich weg war. Sie wissen schon, oder?).

Und so entstand die Idee für dieses Buch: „Wie wäre es, die besten Familienrezepte zu sammeln?" Keine exotischen Gourmetknüller, sondern Gerichte, die sich bei anderen im Familienalltag bewährt haben. Mit Zutaten, die in jedem Supermarkt zu bekommen und größtenteils in kurzer Zubereitungszeit zu kochen sind. Gerichte, die trotzdem (zumindest teilweise!) etwas aus dem Rahmen fallen.

So fragten wir in family, welche Leser unserer Zeitschrift sich beteiligen wollten. Von der Anzahl der Rücksendungen wurden wir überrascht und überwältigt. Wir konnten deshalb leider nicht alle Rezepte mit aufnehmen. Aber viele davon finden Sie auf den nächsten Seiten.

Natürlich haben sich manche Einsendungen auch gedoppelt. Lasagne und Tiramisu (auch für Kinder!) scheinen nicht nur in unserer Familie gern gegessen zu werden. Identische Rezepte haben wir natürlich nur einmal aufgenommen. Aber oft liegt der Reiz ja bei den Abweichungen im Detail. Diese kleinen, aber feinen Unterschiede versuchen wir bei einigen Rezepten auszuführen (zum Bespiel auf den Seiten 55 und 72).

Nein - dieses Buch ist kein Hochglanz-Edel-Produkt (das können andere wahrscheinlich besser!), sondern ein praktisches und familienerprobtes Kochbuch – angereichert mit vielen kleinen Episoden und Tipps für den Alltag. Und mit den Gesichtern der Menschen, die den Grundstock für dieses Buch gelegt haben. Ihnen allen dafür noch einmal herzlichen Dank!

Und jetzt: Legen Sie los! Wir hoffen, Sie finden viele gute Anregungen für eine abwechslungsreiche Familienküche. Über Rückmeldungen an die Verlagsadresse freuen wir uns.

Ihre
Anja und Martin Gundlach

Die Ernährungspyramide

Die Ernährungspyramide stellt auf einen Blick dar, was und wie viel man essen sollte. Bei Kindern ist das kaum anders als bei Erwachsenen: Zu etwa 40% sollte die tägliche Nahrung aus Getreideprodukten und Kartoffeln bestehen, zu 20% aus Gemüse und Salat, zu 15% aus Obst, zu 10–15% aus Milchprodukten; Fleisch, Fisch und Eier sollten 5–10% ausmachen, Fett und Zucker nur 5%. Auch kleinere Kinder sollten schon sehr viel trinken, und zwar am besten Wasser, dünne Fruchtsaftschorle oder Kräutertee: je nach Alter 1–1½ l täglich.*

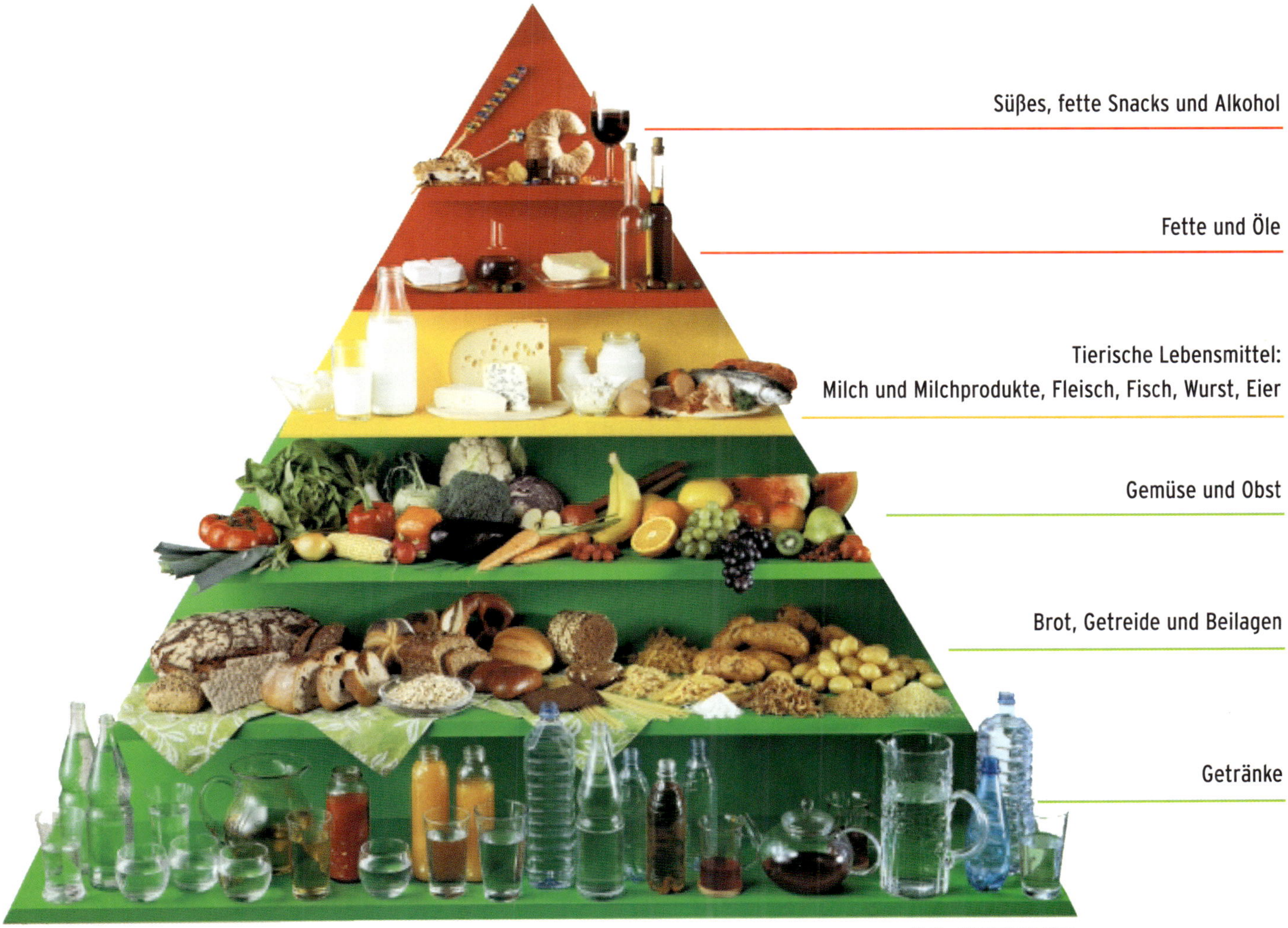

Quelle: aid-Infodienst, Bonn

reichlich

mäßig

sparsam

* Prozentangaben nach Monika Arndt: Das Kinder-Kochbuch. München: dtv, 2004.

Frühstück und Flüssigmahlzeiten

Frühstücksmuffel

Fast in jeder Familie gibt es einen Frühstücksmuffel. Wir haben in Phasen morgendlicher Antriebslosigkeit sehr gute Erfahrungen mit Mixgetränken gemacht. An erster Stelle steht natürlich die klassische Bananenmilch, verfeinert mit Vanillezucker oder etwas Nutella ein echter Genuss. Auch andere Früchte können verwendet werden: Äpfel, Aprikosen, Pfirsiche usw. Kiwis sind mit Vorsicht zu genießen: Wenn im Mixer die schwarzen Kerne zermahlen werden, schmecken sie bitter. Für nachmittags eignet sich eine Kugel Eis, mit Milch gemixt.

Ein kleiner Becher Naturjoghurt, gut verrührt mit der gleichen Menge Multivitaminsaft, ist ebenfalls ein vollwertiges Frühstück. Sehr interessante Mischungen ergeben sich mit Vanillejoghurt und dunklen Säften (Johannisbeer oder Kirsch). Auch nach der Einnahme eines Antibiotikums sollte man vermehrt Joghurt essen bzw. trinken.

Flüssige Mahlzeiten können eine vollwertige Alternative sein

Gründe für eine flüssige Mahlzeitalternative gibt es immer wieder. Wenn ein Kind krank und schlapp oder einfach ein Frühstücksmuffel ist; wenn ein Wackelzahn richtiges Kauen unmöglich macht oder das Schlucken bei Krankheiten Mühe bereitet.

Als richtiger Fitmacher für schlappe und fiebrige Patienten (auch Erwachsene) hat sich eine einfache Instantbrühe bewährt. Die Mischung aus Flüssigkeit und Salz bringt den Kreislauf schnell wieder auf Trab, manchmal kommt danach sogar der Appetit wieder. Wenn der Patient erbrochen hat oder Durchfall hat, sollte man versuchen, auch noch etwas Zucker zu verabreichen, vielleicht als Traubenzucker.

Wenn das Kauen oder Schlucken schwer fällt, kann man fürs Mittagessen natürlich immer gut auf Suppen zurückgreifen. Einfach verschiedene Gemüse in einer Brühe gar kochen und pürieren. Meiner Erfahrung nach schmeckt eine gute Mischung meist besser als z. B. nur Karotten. Als Kalorienlieferant kann man noch Kartoffeln oder Reis mitkochen und pürieren (s. auch Suppen-Kapitel!).

Zum Schluss noch zwei Rezepte, die ich als Kind sehr geschätzt habe: Eine Puddingsuppe lässt sich leicht herstellen, indem man einfach einen Pudding mit etwas mehr Milch kocht und als Suppe warm serviert. Für Zwiebackmilch in warme Milch Zwieback reinbröseln und mit Zucker (Vanillezucker, Zucker und Zimt) bestreuen. Der Zwieback wird so weich, dass kein Kauen nötig ist. Auch der gute alte Haferschleim oder ein Hirsebrei schmecken und tun dem Magen gut.

Wenn Kinder länger krank sind und einfach auch Kalorien brauchen, kann man einmal Malzbier anbieten. Eine Flasche Malzbier hat für ein Kleinkind den Kaloriengehalt einer Hauptmahlzeit.

(Diese Tipps stammen von family*-Autorin Ursula Hauer.)*

Milchbuchstaben

	Reichlich Salzwasser aufsetzen.
300 g Buchstabennudeln	ins kochende Wasser geben,
	al dente kochen.
	Wasser so weit abgießen, dass die Hälfte der Buchstaben noch im Wasser ist.
	Topf zurück auf die heiße Platte stellen.
½ l Milch	dazugießen, evt. nachsalzen.
1 EL Butter	hinzufügen, nur noch heiß werden lassen.

Von Familie Zaugg aus dem schweizerischen Nidau.

Laura Zaugg schreibt: „Das ist einfach, aber gut, schmeckt vor allem kleinen Kindern und rutscht auch, wenn eines mal krank ist."

Epi-Flocken*

*„Epi" bedeutet in erster Linie „Erdbeere", aber auch überhaupt „Beere" (hier auch: Sultanine). Die Bezeichnung stammt von den Kindern der Familie Ganz-Greb.

500 g Haferflocken oder Flockenmischung	
200 g Zucker	in einer Bratpfanne unter ständigem Wenden so lange rösten, bis der Zucker karamellisiert, auskühlen lassen.
100 g Sultaninen	
Zimt nach Belieben	unter die Flocken mischen.
	Die Flocken in einen gut schließenden Vorratsbehälter geben.
	So halten sie sich ca. 3 Wochen frisch. Zum Frühstück oder zwischendurch mit kalter Milch oder Joghurt genießen.

Von Familie Ganz-Greb aus Saland in der Schweiz.

Trinkjoghurt

3 Bananen	
3 Becher Erdbeerjoghurt	
400 ml Milch	mit dem Mixer pürieren,
400 ml Orangensaft	unterrühren und in Gläser füllen.

Von Familie Achenbach aus Haiger.

Vollwert – Knuspermüsli

4 Tassen grobe Haferflocken
1 ½ Tassen Kokosraspeln
1 Tasse Weizenkeime
1 Tasse gehackte Nüsse
1 Tasse Sonnenblumenkerne
1 Tasse Sesam
½ Tasse Weizenkleie
½ Tasse Öl
½ Tasse Honig

Diese Zutaten in einer großen Schüssel mischen.

Öl und Honig erhitzen und unter das Gemisch rühren.
Zwei Backbleche einfetten und alles darauf verteilen. Ca. 10 – 15 Min. bei 150° C anrösten, dabei mehrmals wenden und dann gut abkühlen lassen.
Je nach Geschmack Rosinen untermengen.
Schmeckt prima mit Joghurt, Milch, Quark oder Obstsaft – oder einfach pur.
Dieses Müsli eignet sich – in hübsche Gläser gefüllt – als Geschenk oder kleines Mitbringsel, das sicher gut ankommt!

Weizenkleie und Weizenkeime gibt es in der Drogerie oder im Reformhaus.

Von Familie Mutz aus Dornstetten.

Vorspeisen & Salate

Kräuterbutter

1 kleine Zwiebel	fein hacken.
1 TK-Päckchen 8-Kräuter oder frische Kräuter nach Belieben	
1 Stück weiche Butter	Zwiebel und Kräuter mit einer Gabel unter die Butter mischen, kalt stellen.

Von Familie Wöbke aus Westeregeln.

Dips zu Gemüse

	Verschiedene Gemüsesorten in Stifte oder Spalten schneiden, auf Zahnstocher pieksen und in die Soßen tunken.
Orangendip:	
125 g Mayonnaise	
2 EL Sahne	verrühren.
1 unbehandelte Orange	Etwa ¼ der Schale hauchdünn abschälen und in dünne Streifen schneiden. Die Orange auspressen.
1 EL Senf	
je 1 Prise Salz, Zucker, Pfeffer	Alle Zutaten miteinander verrühren und abschmecken. Fettsparender ist eine Soßengrundlage aus Joghurt und Mayonnaise (1:1), dann braucht man keine Sahne und vielleicht etwas weniger Saft.
Kräuterdip:	
1 Becher Joghurt	
100 g Frischkäse	
1 EL Crème fraîche	
etwas Knoblauchsaft	
½ TL Selleriesalz	
1 Prise Pfeffer	
4 EL gemischte, gehackte Kräuter	Alle Zutaten miteinander mischen und abschmecken.
Ketchupdip:	
150 g Ketchup	
½ Becher Joghurt	
2 EL Olivenöl	
je 1 Prise Zucker, Cayennepfeffer, Salz	
1 TL Zitronensaft	
3 EL Schnittlauchröllchen	
2 EL zerdrückte grüne Pfefferkörner aus dem Glas	Alle Zutaten miteinander verrühren und abschmecken.

Von Familie Greiner aus Efringen-Kirchen.

Lieblingsoliven

Schnell und einfach!

Mit Ciabatta und einem Glas Rotwein genießen!

250 g Schafskäse	in kleine Würfel schneiden.
2 oder mehr Knoblauchzehen (je nach Belieben und Toleranz der Umwelt)	pressen.
1 Glas Oliven	
5-6 EL Olivenöl	
2 EL Kräuter der Provence, getr.	alle Zutaten vermengen.

Von Familie Schwarz aus Deiningen.

Gugummere-Salat (warmer Gurkensalat)

1 Zwiebel	fein hacken,
1 Gurke	grob reiben und beides in wenig Öl andünsten,
1 Glas Gemüsebrühe	mit der Gemüsebrühe ablöschen und zugedeckt weich kochen lassen.
3-4 Pellkartoffeln vom Vortag	ebenfalls grob reiben und untermischen.
Essig, Salz, Pfeffer	Nach Belieben und Gefühl abschmecken. Evtl. noch etwas Wasser oder Brühe zufügen. Noch einige Minuten bei schwacher Hitze durchziehen lassen. Lauwarm oder kalt servieren.

Karin Greiner aus Efringen-Kirchen schreibt dazu:

„Meine Großmutter hat immer gebratene Speckwürfel darüber verteilt, ich nehme geröstete Kürbiskerne. – Letztes Jahr haben wir in unserer Gemeinde zur Aufbesserung der Finanzen ein eigenes – vegetarisches – Kochbuch mit 200 Rezepten gemacht. Zur festlichen Einführung mit tollem Büfett ließen sich auch viele Gemeindefreunde einladen.“

Sommersalat

1 kleiner Eisbergsalat	
1 Salatgurke	
½ Dose Mais	
3 Tomaten	
1 rote Paprika	
1 gelbe Paprika	Alle Zutaten waschen und klein schneiden. Mais absieben und dazugeben.
1 Becher süße Sahne	
2 Päckchen „Paprika-Kräuter“	
3 EL Mayonnaise	
1 EL Tomatenmark	
1-1½ TL Senf	
etwas Milch	verrühren, über den Salat geben und durchmischen.

Von Familie Achenbach aus Haiger-Steinbach.

Ananas-Hähnchen-Salat

500 g Hähnchenschnitzel	braten und in Würfel schneiden.
1 kl. Eisbergsalat	putzen, waschen.
200 g Gouda	würfeln,
1 kl. Dose Ananasstücke	mit den restlichen Zutaten auf einer Salatplatte anrichten.
½ Becher saure Sahne	
½ Becher Schmand	
1 TL Zucker	
Saft einer Zitrone	
Salz, Pfeffer	verrühren und über den Salat gießen.

Von Familie Schwarz aus Deiningen.

Heringssalat

für 5 Personen

300 g Matjeshering	
2 Äpfel	
1 große Zwiebel	
4 Gewürzgurken	Alle Zutaten klein schneiden, in eine Schüssel geben,
300 ml Sahne	darüber gießen und im Kühlschrank ziehen lassen.

Von Familie Wöbke aus Westeregeln.

Schichtsalat

1 Dose Mais	
200 g Schinken	
2 Stangen Lauch	
500 g Emmentaler	
1 kleine Dose Ananasstücke	
2 Gläser geraspelter Sellerie	
6 gekochte Eier	
1 Glas Mayonnaise	Alles klein schneiden und in Schichten in eine Schüssel legen, zuletzt mit Mayonnaise abdecken. Einen Tag durchziehen lassen. Beim Essen Teile von oben bis unten abstechen, so dass man von allen Schichten etwas hat!

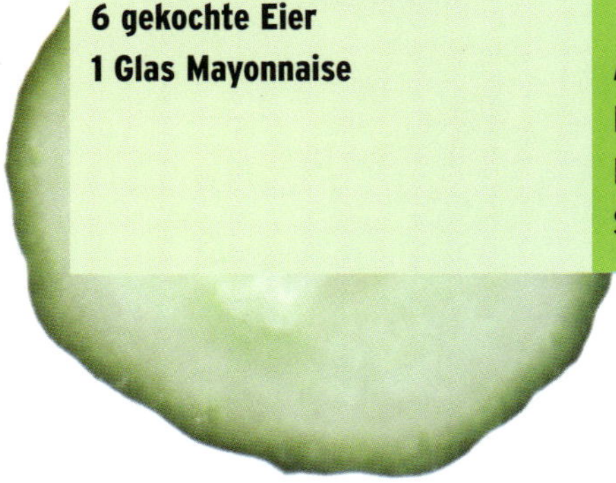

Von Familie Moser aus Mainleus.

Kartoffelsalat

für 8 Personen

2,5 kg Kartoffeln	Salzkartoffeln kochen, abkühlen lassen und in Scheiben schneiden.
1 Glas Gurken (à 670 ml)	in kleine Würfel schneiden,
1 Bund Schnittlauch	hacken.
2 Becher Naturjoghurt (à 150 g)	
1 Glas Mayonnaise (à 500 ml)	
1 EL Senf	mit etwas Gurkenwasser verrühren und Kartoffeln, Gurken und Schnittlauch hinzufügen.
2 Becher Fleischsalat (à 400 g)	ebenfalls hinzufügen.
Salz, Pfeffer	Mit Salz und Pfeffer abschmecken. Über Nacht stehen lassen und am nächsten Tag noch mal verrühren und abschmecken, ggf. etwas Milch hinzufügen, das ergibt eine gute Konsistenz. Dazu passen Hackfleischbällchen (gibt es auch tiefgefroren bei einem großen schwedischen Möbelhaus).

Von Familie Höfer aus Plettenberg.

Gabriele Höfer schreibt: „Wir haben diesen Salat auch schon mal für ein Familientreffen mit 64 Personen gemacht. Ich habe dieses Rezept an die Hälfte der 16 Familien verschickt, auf dass sie jeweils eine große Schüssel mitbringen sollten. Es hatten zwar alle das gleiche Rezept, aber der Salat schmeckte achtmal anders ...“

Eiersalat

für ca. 8 Personen

10 Eier	hart kochen und in Scheiben schneiden.
8 Tomaten	waschen, vierteln und entkernen. Das Fruchtfleisch in Spalten schneiden.
1 Bund Lauchzwiebeln	putzen, waschen und in feine Ringe schneiden.
150 g Frischkäse	
Kräuter der Provence	
4 EL Mayonnaise	
1 EL mittelscharfer Senf	
½ Topf Thymian	
1 Topf Kerbel	
Salz, Pfeffer	Alles miteinander verrühren, mit Salz und Pfeffer abschmecken. Tomaten und Lauchzwiebeln unterheben. Zugedeckt mindestens 30 Min. ziehen lassen. Eischeiben vorsichtig unterheben und nochmals abschmecken.
250 g Gouda, gerieben	Salat mit Kräutern und Käse bestreuen und servieren.

Von Familie Lorenz aus Lengefeld.

Süß-saurer Camembertsalat

für 4-6 Personen

2 Knoblauchzehen	fein hacken.
6 EL Kräuteressig	
4 EL Öl	
1 EL grob gem. schw. Pfeffer	
3 EL Zucker	Aus diesen Zutaten eine pikante und würzige Marinade rühren.
1 Becher Joghurt natur	dazu mischen.
1 Bund frisches Zwiebelgrün	klein schneiden,
1 kl. Bund Radieschen	in Scheiben schneiden,
4 mittelgroße Tomaten	würfeln.
	Alles in die Marinade geben.
2 Camembertkäse à 125 g	zuerst quer teilen und die Scheiben dann achteln und unter die bunte Salatmischung verteilen, etwas durchziehen lassen, ggf. noch einmal mit etwas Essig und Zucker abschmecken.

Von Familie Lorenz aus Lengefeld.

„Insalata di pasta e pomodori“ (Italienischer Tomaten-Nudel-Salat) **für 4 Personen**

Der Salat kann auch gut kalt gegessen werden. Dieses beliebte Sommergericht lässt sich ganz fix zubereiten und schmeckt Klasse!

Ca. 500 g Farfalle oder Penne (o. a. Pasta)	abkochen.
5-6 Strauchtomaten	
125 g Mozzarella	Tomaten und Mozzarella in Würfel schneiden,
1 Zehe Knoblauch	
frischer Basilikum	Knoblauch und Basilikum klein hacken.
Olivenöl	
Essig (Aceto balsamico)	Alles in einer großen Schüssel mit reichlich Olivenöl und einem Schuss Aceto balsamico vermengen.
Salz	
schwarzer Pfeffer aus der Mühle	Nach Geschmack salzen und pfeffern. Die Nudeln abgießen und unter die Tomaten mischen. Sofort servieren.

Von Familie Mutz aus Dornstetten.

Salat für Verächter von Frischgemüse

für die Salatsoße:	
1 Becher saure Sahne	
Zucker nach Geschmack	
1 Prise Salz	
1 Schuss Zitronensaft	
evt. etwas Knoblauch	Die Zutaten für die Salatsoße gut miteinander verrühren.
für den Salat:	
½ Salatgurke	
ca. 5 Radieschen	zerkleinern.
ca. 1 Doppelbund Feldsalat	in feine Streifen,
1 zarte Möhre	in Scheibchen schneiden.
4 Wiener Würstchen	in Scheiben schneiden.
4 EL Maiskörner aus der Dose	In einer Schüssel alles gut mischen, die Salatsoße darüber verteilen und gut unterrühren. Sie nimmt den Radieschen die Schärfe und dem Feldsalat die Bitternis. Mit Naturreis sofort serviert ergibt das eine bunte, sättigende Mahlzeit.

Von Familie Haska aus Sonnewalde.

Salatbüfett

Paprika, Tomaten, Gurken, Rettich, Kohlrabi, Zwiebeln, Eisbergsalat, Feldsalat, Möhren	waschen, wenn nötig schälen, klein schneiden oder raspeln.
dazu noch: **Gouda, Schafskäse, Tunfisch, Oliven, Mais, gekochte Eier Schinkenwürfel usw.**	Alles in Salatschüsseln getrennt zu einem Büfett anrichten.
weiße Soße: **½ Becher saure Sahne ½ Becher Schmand 1 TL Zucker Saft einer Zitrone Salz, Pfeffer**	zusammen verrühren.
rote Soße: **1 Becher süße Sahne 2 Päckchen Paprika-Kräuter 3 EL Mayonnaise 1 EL Tomatenmark 1–2 TL Senf etwas Milch**	zusammen verrühren.

Beide Soßen getrennt zum Salat reichen.
Wenn man die Salatsoßen getrennt reicht, ist alles, was übrig bleibt, am nächsten Tag noch frisch und nicht durch die Salatsoße aufgeweicht.

Von Familie Achenbach aus Haiger-Steinbach.

Eingemachter Gelbe-Rüben-Salat

5 kg gelbe Rüben	schälen, mit der Küchenmaschine in gröbere Stifte hobeln, in Weckgläser oder Twist-off-Gläser füllen, fest zusammendrücken.
¾ l Essig 2 l Wasser 3 EL Salz 6 EL Zucker	eine Marinade rühren. Soviel in jedes Glas mit Rüben füllen, bis die Flüssigkeit über dem Gemüse steht. Die Gläser 1 ¼ Stunde bei 98° C kochen lassen (Einkochthermometer zu Hilfe nehmen). Die Zeit erst messen, wenn der Siedepunkt erreicht ist. Später braucht man nur noch ein Glas zu öffnen, etwas Zwiebel, Kräuter und Öl hinzuzufügen – und man hat einen leckeren Salat.

Dieses alte Rezept stammt von **Familie Schürger**, die auf einem Einödhof bei Feuchtwangen lebt. Susanne Schürger ist Meisterin der ländlichen Hauswirtschaft und versorgt ihre große Familie und – bei landwirtschaftlichen Großeinsätzen – oft auch jede Menge Helfer. „Auf dem Bild zu sehen sind unsere ‚Jungbauern' Magdalena, Michael, Florian und Christoph, die auf dem gerade gefüllten Gras-Fahrsilo sitzen."

Passierte Möhrensuppe

800 g Möhren **½ l Gemüsebrühe**	schaben, gründlich waschen und in kleine Würfel schneiden. Die Möhrenwürfel in der Gemüsebrühe zum Kochen bringen und zugedeckt bei schwacher Hitze 30 Min. köcheln lassen. Die gegarten Möhren mit der Kochflüssigkeit pürieren.
1 EL Mehl **2 EL Butter**	Das Mehl mit der Butter zu einem kleinen Kloß verkneten, in die Suppe geben und unter Rühren mit dem Schneebesen darin auflösen. Die Suppe einige Minuten kochen lassen.
Salz, weißer Pfeffer **einige Tropfen Zitronensaft** **1 Prise Zucker**	zum Abschmecken in die Suppe geben.
2 Scheiben Vollkorn-Toastbrot	in kleine Würfel schneiden und anrösten.
3 EL Sahne	in die Suppe rühren.
2 EL frisch gehackte Kräuter (Dill, Petersilie, Schnittlauch)	Die Suppe anrichten und jede Portion mit den Brotwürfeln und den gehackten Kräutern bestreuen.

Tipp:
Statt mit gerösteten Brotwürfeln kann die Suppe auch mit Bratwurstklößchen angereichert werden. Dafür aus 1 bis 2 Kalbs- oder Schweinsbratwürsten Klößchen in die Suppe drücken und einige Min. bei ganz schwacher Hitze ziehen lassen.

Von Familie Hettinger aus Ingelfingen.

Gemüseeintopf mit Kräuterfrischkäse

für 4 Personen

1 große Zwiebel	würfeln und in Öl andünsten.
500 g Kartoffeln	würfeln,
500 g Möhren	würfeln,
300 g grüne Bohnen	klein schneiden. Das Gemüse zu den Zwiebeln geben, kurz anschmoren.
1-2 TL Gemüsebrühe **Pfeffer** **1 TL Bohnenkraut**	über das Gemüse geben, dann erst ½ l heißes Wasser hinzufügen. Zugedeckt bei niedriger Hitzezufuhr etwa 15-20 Min. köcheln lassen. Evtl. muss etwas Flüssigkeit nachgegeben werden.
2 Tomaten	waschen, Stielansatz entfernen, in Achtel schneiden, in den Eintopf geben,
100 g Kräuterfrischkäse	dazugeben, umrühren.
½ Bund Petersilie	waschen, trocknen und hacken. Den Eintopf ca. 5 Min. ziehen lassen, abschmecken und mit Petersilie bestreut servieren.

Noch sämiger wird der Eintopf, wenn die Tomaten von Anfang an mitköcheln. Am nächsten Tag schmeckt er noch besser!

Von Familie Wunderlich aus Spremberg.

Kürbissuppe

für 4-6 Personen

Wenn es dann noch Backerbsen dazu gibt, ist das für die Kinder die Krönung!

Die Suppen eignen sich gut zum Einfrieren.

1-1½ kg Kürbis	Die Kerne und das wattige Fruchtfleisch entfernen, übriges Fruchtfleisch in Stücke schneiden.
2 EL Butter	erhitzen und die Kürbisstücke darin andünsten. Nach ca. 5 Min. mit etwas
Gemüsebrühe	Gemüsebrühe ablöschen, so dass die Kürbisstückchen bedeckt sind. Weiter köcheln lassen, bis das Kürbisfleisch weich ist. Pürieren und mit mehr Gemüsebrühe auf die gewünschte Konsistenz auffüllen.
1 Becher süße Sahne	etwa die Hälfte zugeben und nicht mehr kochen lassen.
Salz, Pfeffer	abschmecken.
1 Glas trockenen Weißwein (oder Orangensaft)	hinzufügen.
½ Becher süße Sahne	Die restliche Sahne schlagen und auf jeden Teller vor dem Anrichten einen dicken Klecks geben. Dann mit der heißen Suppe auffüllen, mit gerösteten Kürbis- oder Sonnenblumenkernen und etwas fein geschnittener Petersilie bestreuen.

Kürbissuppe II

3 Stangen Lauch (Porree)	waschen und in Ringe schneiden,
1 kg Kürbisfleisch	aufschneiden, Kerne und wattiges Fruchtfleisch entfernen und in Stücke schneiden,
ca. 700 g Kartoffeln	schälen und würfeln,
ca. 60 g Butter	schmelzen, Gemüse darin andünsten,
1½-2 l Gemüsebrühe	dazugeben, ca. 30 Min. kochen, pürieren,
1 Becher saure Sahne	unterrühren und
Salz, Pfeffer	abschmecken.

Von Familie Rymatzki aus Niederorschel.

Silke Mack-Rymatzki schreibt: „Wir haben den Kürbis vor drei Jahren für uns entdeckt, weil er ein absolut praktisches und leckeres Universalgemüse ist. Er wächst super auf jedem Komposthaufen, lässt sich freihängend im Keller über den Winter einlagern und auch stückweise einfrieren (dann muss er allerdings noch gefroren verarbeitet werden, z. B. zu Suppe). Hokkaido-Kürbisse braucht man nicht einmal zu schälen, denn ihre Schale wird beim Kochen butterweich. Hat man einmal selbst Kürbisse angepflanzt, kann man sich vor lauter Kürbis im Herbst kaum retten und so wurde ich recht kreativ in der Küche. Ich habe auch noch leckere Rezepte für Kürbismarmelade, Kürbisrösti und Kürbiskuchen ... Aus den ausgehöhlten Kürbissen kann man zur Freude der Kinder schöne Gesichter schneiden."

Möhreneintopf

Möhren **Kartoffeln** **Mettwürstchen** **Petersilie**	Möhren und Kartoffeln in etwa gleicher Menge würfeln, mit wenig Wasser und Mettwürstchen kochen (kaum Salz notwendig). Wenn das Gemüse bissfest ist, Würstchen in Stücke schneiden, gut mischen und nach Geschmack gehackte Petersilie zugeben.

Schmeckt auch aufgewärmt!

Von Familie Dietz aus Kirchhundem.

„Beim Möhreneintopf sind sich zunächst alle vier Kinder einig: Ich hatte viel zu wenig Wurst! Dann treten die typischen Geschwisterrollen zutage: Der Älteste isst, wie es ihm vor die Gabel kommt, mit viel Genuss. Die Zweite legt einige Stückchen an die Seite des Tellers als Bonbon zum Schluss. Unser Dritter verwahrt alle seine Wurststückchen, isst erst das Gemüse und dann die Wurst. Die Kleine isst zuerst sämtliche Wurststücke und versucht dann, den anderen noch welche zu stibitzen, was ihr beim ältesten Bruder manchmal gelingt!"

Lauch-Käse-Suppe

für 6 Personen

Dazu kann Stangenweißbrot serviert werden.

3 dünne Stangen Lauch	waschen, abtropfen lassen und in feine Ringe schneiden.
2 Zwiebeln	fein würfeln und in Öl glasig dünsten.
350 g Hackfleisch	dazugeben und anbraten,
Salz, Pfeffer	mit Salz und Pfeffer würzen.
1 l Gemüsebrühe	dazugießen und aufkochen.
	Den vorbereiteten Lauch zur Brühe geben und alles zusammen 15 Min. köcheln lassen.
1 Schuss Tabasco	dazugeben.
200 g Frischkäse	in die Suppe geben und unter Rühren ganz schmelzen lassen.

Von Barbara Wernicke aus Riehen in der Schweiz.

Rote-Bete-Rahmsuppe

für 4-6 Personen

600 g Rote Bete	waschen, schälen und in kleine Würfel schneiden.
2 Schalotten	hacken.
750 ml heiße Gemüsebrühe (Instant)	
	Rote Bete und Schalotten in der Gemüsebrühe bei 900 Watt ca. 20 Min. in der Mikrowelle garen (oder 45 Min. auf dem Herd). Anschließend bis zu einer beliebigen Konsistenz mit dem Schneidestab pürieren.
1 Bund glatte Petersilie	hacken.
1 TL körniger Dijon-Senf	
1 Becher Kräuter-Crème fraîche	mit der Petersilie unterrühren.
	Bei 900 Watt ca. 5 Min. erhitzen.

Von Familie Conder aus Wielenbach.

Zucchini-Creme-Suppe

1 große Zucchini	schälen, „entkernen", in Stücke schneiden,
5 große Kartoffeln	schälen und mit den Zucchinistücken 20 Min. in wenig Wasser kochen, dann pürieren,
Gemüsebrühe-Extrakt	
Salz, Pfeffer, Muskat	
Weißwein (nach Geschmack)	die Suppe abschmecken,
1 Becher Sahne oder Schmand	zum Schluss dazugeben, heiß werden lassen, aber nicht mehr kochen!

Von Familie Dietz aus Kirchhundem.

Fischsuppe

für 4 Personen

500 g Kartoffeln	in Würfel schneiden,
400 g Möhren	in dünne Scheiben schneiden.
50 g Butter	in einem Topf zerlassen, Kartoffeln und Möhren darin andünsten.
Salz, Pfeffer, Curry	Gemüse mit Gewürz bestreuen.
½ l Fischfond (aus dem Glas)	hinzufügen. Alles zum Kochen bringen und ca. 15 Min. garen lassen.
500 g Fischfilet **z. B. Lachs, Rotbarsch, Zander**	abspülen, trocken tupfen und in kleine Stücke schneiden.
½ l Schlagsahne	Den Fisch mit der Sahne zum Gemüse geben und alles bei schwacher Hitze 5–7 Min. garen.
1 Bund Dill **4–5 EL Weißwein (nach Belieben)**	Dill und Wein zufügen. Die Suppe abschmecken und ggf. nachwürzen.

Dazu schmeckt Toastbrot oder Baguette.

Ein altes Familienrezept von Christiane Springfeld aus Zwickau.

Hühnercremesuppe

für ca. 10 Personen

1 kg Hähnchenbrust **1 l Hühnerbrühe (Instant)**	Fleisch in der Brühe gar kochen.
2 Stangen Porree	klein schneiden und hinzufügen, ebenfalls gar kochen. Brühe auffangen. Hähnchenbrust klein schneiden.
100 g Butter	in einem Topf schmelzen lassen, bis sie beginnt zu schäumen (nicht braun werden lassen!)
120 g Mehl	in der Butter unter ständigem Rühren anschwitzen, bis es goldgelb geworden ist. Noch heiße Brühe unter kräftigem Rühren mit dem Schneebesen zufügen. Weiterrühren, bis eine sämige, glatte Suppe ohne Klümpchen entsteht.
600 ml Sahne **2 l Milch**	angießen, umrühren. Hähnchenstücke und Porree hinzufügen.
Schnittlauch **Salz, Pfeffer**	Mit Salz und Pfeffer abschmecken und nach Belieben den Schnittlauch darüber streuen.

Von Astrid Jülke aus Bruchhausen-Vilsen.

Simone Günther schreibt dazu: „Soljanka ist ein russisches Suppengericht, welches sich gut zur Resteverwertung eignet. Besonders köstlich schmeckt es an kalten Herbst- und Winterabenden. Wie scharf man es mag, ist natürlich jedem selbst überlassen. Wir empfehlen es heiß und scharf!“

Soljanka

für ca. 6 Personen

(6 Personen können zweimal davon essen, am nächsten Tag schmeckt es nämlich noch viel, viel besser ...)

ca 2 l Fleischbrühe (ersatzweise Gemüsebrühe)	Für die Fleischbrühe Suppenknochen mit
1 Zwiebel 1 Nelke, 2 Pimentkörner 1 Zwiebel 2 EL Salz 1 Möhre 1 Lorbeerblatt	aufsetzen und 2 Std. kochen. Entstehenden Schaum während der ersten 30 Min. abschöpfen. Brühe abseihen, entfetten.
500 g Jagdwurst und/oder Wurstreste	schneiden (das Fleisch von den ausgekochten Knochen oder Fleischreste vom Vortag können mitverwendet werden).
2 Gläser Letscho (= in Tomatenmark eingekochte Paprikaschoten) à 680 g Paprikaschoten Tomaten (Menge nach Belieben), 3-5 saure Gurken	schneiden, zusammen mit der Wurst in die Brühe geben.
½ Flasche Ketchup Salz, Pfeffer, Chilipaste scharfes Paprikapulver nach Geschmack	den Eintopf abschmecken. Alles aufkochen und ca. 20 Min. ziehen lassen. Feinschmecker genießen die Suppe mit süßer oder saurer Sahne.

Von Fam. Günther aus Zschorlau-Albernau.

„Einmal hatten wir Besuch, der das Gericht noch nicht kannte. Wir ließen es uns schmecken und ich erklärte der jungen Frau, wie man Soljanka zubereitet: ‚Besonders praktisch ist: Man kann fast alles reintun, auch wenn man mal Reste zu verwerten hat.‘ Als ich bei ‚Reste‘ war, entdeckte ich in meiner Soljanka eine Fliege ... Ich ließ mir nichts anmerken und ‚entsorgte‘ meine Tasse ganz diskret. Glücklicherweise merkten unsere Gäste nichts davon.“

Waldschratsuppe

für 4-6 Personen

750 g Hackfleisch	anbraten
Salz, Pfeffer, Paprika	und würzen,
2 - 3 Zwiebeln	würfeln,
je 1 rote, gelbe und grüne	
Paprika	in Streifen schneiden und alles kurz mit andünsten.
1 Paket pürierte Tomaten	
250 g Champignonscheiben	hineingeben und einen kräftigen
Curryketchup	Schuss Ketchup dazugeben. Unter Rühren leicht garen.
½ l Brühe	angießen,
1 kl. Dose Pfirsiche	klein schneiden und mit dem Saft dazugeben.
1 Becher Crème fraîche	unterrühren und mit etwas
Cayennepfeffer	Pfeffer abschmecken.
	Dazu passt Stangenbrot.

Von Familie Klick aus Wiehl.

Chili con carne

für 4 Personen

500 g gemischtes Hackfleisch	in heißem Öl in einem Topf anbraten, bis es krümelig braun ist, dann jeweils
1 Dose Gemüsemais	
1 Dose rote Kidneybohnen	
1 große Dose geschälte Tomaten	dazugeben. Alles kurz aufköcheln, Tomaten evtl. etwas zerkleinern.
1 Knoblauchzehe	oder mehrere (nach Belieben)
	klein hacken, dazugeben,
Salz, Pfeffer	würzen,
Chilipfeffer	nach Belieben dazugeben.

Von Familie Jelinski aus Sulzbach-Rosenberg.

„Ein ganz schnelles Gericht, das in beliebig großer Menge hergestellt werden kann. Wenn kleine Kinder mitessen, evtl. erst bei Tisch mit Chilipfeffer und/ oder Tabasco nachschärfen. Dazu passen Baguette oder türkisches Fladenbrot, frischer Salat und mexikanisches Bier oder trockener Rotwein."

Buttermilchsuppe

1 kg Kartoffeln	schälen und in Würfel schneiden, in Salzwasser zum Kochen bringen.
300 g Mehl	
100 ml Wasser	Aus Mehl und Wasser einen Teig kneten, kleine Klümpchen abzupfen, zu den kochenden Kartoffeln geben und mitkochen. Wenn die Kartoffeln gar sind, das Wasser abgießen.
¾ - 1 l Buttermilch	
200 ml Sahne	zu den Kartoffeln geben, erwärmen, nicht mehr kochen!
Salz	Mit Salz abschmecken.

Das Familienrezept entstand in der Nachkriegszeit, als es galt, mit wenigen Zutaten lecker zu kochen. Damals gab es allerdings keine Sahne in die Suppe!

Von Familie Marshall aus Dietzhölztal.

Kartoffelsuppe à la Kaylene

Schmeckt gut mit Brot oder Baguette.

1 kleine Zwiebel	
2 EL Butter oder Margarine	In einem mittelgroßen Topf die Butter erhitzen und die Zwiebel glasig dünsten.
125 g gewürfelter Schinken	anbraten.
6-7 Kartoffeln	
2-3 Karotten (nach Belieben)	schälen, würfeln und in den Topf geben, mit Wasser bedecken und gar kochen.
1 Dose Mais oder	
Erbsen oder	
etwas Broccoli	je nach Belieben hinzufügen.
Salz, Pfeffer	
frische Kräuter (z. B. Basilikum)	Mit Salz, Pfeffer, Kräutern und
1 EL gekörnte Hühnerbouillon	Bouillon würzen.
1 l Milch	Unter Rühren die Milch hinzufügen und erhitzen, nicht kochen.
	Nach Belieben mit Soßenbinder andicken. Abschmecken.

Von Kaylene Derksen aus Halle/Saale.

Hörnli-Eintopf

Dazu passt ein grüner Salat.

400 g Hörnli-Nudeln	in einem Topf gar kochen.
1 kleine Zwiebel	Währenddessen in einer Pfanne die Zwiebel mit dem
250 g Hackfleisch	Hackfleisch anbraten (gut durchgaren).
1 Dose Pilze	
1 Dose Mais	Die Pilze und den Mais hinzufügen,
Salz, Pfeffer,	
gekörnte Brühe	würzen und mit wenig Wasser ablöschen.
	Die gegarten Nudeln abschütten und zusammen mit Hackfleisch und Gemüse wieder in einen Topf geben,
1 Becher Schmand	
½ Becher Sahne	mit Sahne und Schmand verfeinern, erhitzen und durchziehen lassen, bei Bedarf nochmal nachwürzen.

Von Familie Penner aus Halle/Saale.

Schluss mit dem Gemotze!

Wie ein Speiseplan uns geholfen hat.

family-Autorin Ursula Hauer berichtet:

Es begann zu der Zeit, als meine Kinder beide im Kindergarten waren. Immer öfter gab es richtige Szenen zur Mittagszeit. Ein Blick auf das Mittagessen genügte und Wut und Verzweiflung meiner Kinder äußerten sich in Sätzen wie: „Das esse ich nicht!", oder nur „Nein, nicht die!" Es dauerte eine Zeitlang, bis ich erkannte, dass nicht das gerade aufgetischte Gericht der Grund für die Beschwerden war. Meine Kinder hatten einfach etwas anderes erwartet. Es war einfach die richtige Mahlzeit zur falschen Zeit.

Da ich sehr gern esse, war ich nicht länger bereit, mir das Mittagessen so verderben zu lassen. Es musste sich etwas ändern. Genauer: Es musste sich etwas an den Erwartungen ändern. Also entwickelte ich mit meinen Kindern zusammen einen Speiseplan.

Da sie beide noch nicht lesen konnten, musste das ganze mit Bildchen gestaltet werden. Ich sammelte Werbeprospekte von Lebensmitteln. Vor allem die Kataloge der Tiefkühlkost-Lieferfirmen haben tolle Fotos. Wir schnippelten also alles aus, was wir Essbares in Prospekten und Zeitschriften fanden, und zwar immer als einzelne Zutaten. Also ein Bild von Karotten, eins von Nudeln, eins von Würstchen usw. Ich besorgte eine kleine Magnettafel.

Am Wochenende haben wir uns hingesetzt und in der Bilderflut gewühlt und den Plan für die nächste Woche gemacht. Von Montag bis Freitag gab es jetzt für jeden Tag eine Reihe von Essensbildchen. Mitunter hatte meine Tochter Vorschläge für Zusammenstellungen, die mir Schwierigkeiten machten: Pommes mit Nudeln wollte ich dann doch nicht essen. Aber wir haben uns immer geeinigt. Mit der Zeit bildeten sich Regeln heraus: Nur einmal die Woche Nudeln, nur ein süßes Gericht pro Woche usw.

Die Vorteile des Plans

Die Gewohnheit macht's. Mitunter schauen meine Kinder schon morgens auf den Plan, was es denn mittags geben soll. Und es gibt keine Wutausbrüche mehr. Wenn sich mal leichter Unmut zeigte, verwies ich auf den Plan und sagte nur: „Das hast du selbst mit ausgesucht!"

Der Plan hat sich bewährt. Mitunter konnte ich das Repertoire erweitern, indem wir ein neues Bild ausschnitten und sagten: „Das probieren wir auch mal, das sieht gut aus."

Mittlerweile sind meine Kinder beide in der Schule und wir haben immer noch einen Speiseplan – inzwischen allerdings nicht mehr bebildert, sondern in schnöden Worten. Um auch mal wieder für neue Ideen zu sorgen, blättern wir am Wochenende manchmal ein Kochbuch durch.

Mit der Zeit haben sich noch weitere Vorteile des Plans gezeigt. Ich habe einen besseren Überblick über unsere Ernährung. Ich kann mit gutem Gewissen Würstchen mit Pommes essen, wenn ich weiß, dass es am Vortag Gemüseauflauf gab und für den nächsten Tag ein Salat auf dem Plan steht. Ich kann mit einem Großeinkauf am Montag fast die ganze Woche abdecken, Gedanken wie „Was koche ich heute Mittag bloß?" gibt es nicht mehr. Wenn ich Lust auf etwas Spontanes oder Besonderes habe, mache ich mir eben eine Extrabeilage oder koche abends nochmal. Und außerdem gibt es noch das Wochenende, das ist nämlich immer speiseplanfrei.

Schinkenrollen mit Ketchup-Rahmsoße

für 4 Personen

8 dünne Scheiben gek. Schinken	auf der Arbeitsfläche ausbreiten,
320 g Kalbsbrät	auf die Schinkenscheiben streichen,
100 g Käse	
4 Essiggurken	in Streifen schneiden und auf das Brät legen. Die Schinkenscheiben mit der Füllung aufrollen und in eine gefettete Gratinform legen.
für die Soße:	
200 ml Sahne	
100 ml Milch	
100 g Ketchup	
Salz, Pfeffer	gut mischen, über die Schinkenrollen gießen. Bei 200° C ca. 30 Min. backen. Dazu Reis servieren.
Variante:	Anstelle von Essiggurken können auch gekochte Gemüsereste oder grüne Bohnen verwendet werden.

Von Familie Ganz-Greb aus Saland.

Fleischtopf (mit Schweinefleisch)

für eine Geburtstagsfeier mit 20 Personen

ca. 2,5 kg Schweinekamm	in Scheiben schneiden, evtl. klopfen.
Salz, Grillgewürzmischung	Fleisch würzen.
6 Paprikaschoten	
6 Zwiebeln	in Ringe schneiden.
1 Flasche Ketchup	
1 Dose Senf	Die Zutaten in eine feuerfeste Pfanne mit Deckel schichten, zuerst ca. 6 Scheiben Paprika und ca. 6 Zwiebelringe, dazu 3-4 TL Senf und etwas Ketchup auf dem Pfannenboden verteilen, darauf die erste Schicht Fleischscheiben legen, bis der Boden einfach bedeckt ist. Darüber Ketchup und Senf streichen, dann folgt eine Schicht Paprika und Zwiebelringe, darauf folgt wieder eine Schicht Fleisch usw., bis alles aufgebraucht ist. Die letzte Schicht obenauf sollte aus Senf, Ketchup, Paprika und Zwiebelringen bestehen. Wer mehr Soße mag, kann ca. 250 ml Wasser dazugießen. Dann alles gut zugedeckt bei 200° C für ca. 2 Std. in den Backofen.

für 5 Personen nimmt man 1,2 kg Fleisch als Hauptgericht.

Bei einer Geburtstagsfeier ein leckeres Fleischangebot zu Brot, Kartoffelsalat, Nudelsalat etc. Gut am Vortag vorzubereiten!

Von Simone Günther aus Zschorlau-Albernau.

Variante:

Ulla Quack aus Gießen nimmt die gleiche Menge gegarten Kassler, legt ihn in Scheiben in eine Auflaufform. Darüber kommt eine Schicht zerkleinertes Gemüse: 2 rote Paprika, 2 dicke Zwiebeln, 2 große Stangen Lauch, 1 Dose Pilze. Aus 2 Bechern Schmand, 2 Bechern süßer Sahne und 2 Fertig-Kräutersoßenwürfeln sowie 100 g Käse wird eine Soße gerührt und über das Fleisch und das Gemüse gegossen. Mit weiteren 100 g Käse bestreuen und bei 220°C 45 Min. backen.

Partytopf (mit Geflügel)

für 12 Personen

4 rote Zwiebeln	
4 Knoblauchzehen	abziehen und in Würfel schneiden,
etwas Öl	in Öl anbraten.
200 g Basmatireis	hinzugeben und kurz mit andünsten.
600 ml Gemüsebrühe	dazugießen, zum Kochen bringen und den Reis ca. 20 Min. garen. Es darf zum Schluss keine Garflüssigkeit mehr übrig sein.
1 kg Putengulasch	in Öl erhitzen und gut anbraten.
Salz, Pfeffer	
Sojasoße	Das Fleisch würzen.
1 ½ l Tomatensaft	zum Fleisch geben und zum Kochen bringen.
1 Dose Mais	
1 Glas Champignons	
2 Gläser Tomatenpaprika	zusammen auf einem Sieb abtropfen lassen und ebenfalls hinzugeben. Das Ganze aufkochen und 5 Min. garen,
Salz, Pfeffer, Tabasco, Koriander	mit Salz, Pfeffer, Tabasco und Koriander würzen. Kurz vor dem Servieren den Reis in den Partytopf geben, evtl. nochmals abschmecken.

Von Gudrun Klick aus Wiehl.

Chinesisches Schweinefleisch in süß-saurer Soße

für 4 Personen

Dieses Gericht serviert man mit Reis.

500g mageres Schweinefleisch	
(oder Geflügelfleisch), Salz	würfeln
Öl	und in Öl anbraten.
2 grüne Paprika	in Streifen schneiden,
2-4 Dosentomaten	
(oder Tomatenpüree)	mit einer Gabel zerdrücken und beides zum Fleisch geben. Alles zusammen dünsten.
für die Soße:	
2 EL Tomatenmark	
2-3 EL Essig	
6-8 EL Orangensaft	
3-4 EL Zucker	
1-2 EL Sojasoße	Zu diesen Soßenzutaten Wasser hinzugeben, kurz aufkochen und
etwas Mehl	mit etwas Mehl binden.
Brühe (Instant)	Evtl. Instantbrühe hinzugeben
Salz, Pfeffer	und mit Salz und Pfeffer würzen. Die Soße anschließend zum Fleisch geben.

Von Gudrun Klick aus Wiehl.

Bratwurstgulasch

Zutaten pro Person

1 frische, grobe Bratwurst	in dicke Scheiben schneiden
etwas Öl	und anbraten,
Salz, Pfeffer	evtl. würzen.
½ Zwiebel	in Ringe,
½ Paprika	in Streifen schneiden, beides zugeben und durchdünsten lassen.
1 Tomate (oder Dosentomaten)	klein schneiden und zugeben, andünsten, bei frischer Tomate mit Wasser ablöschen.
Pizzagewürz oder frische Kräuter (Oregano, Thymian, Majoran, Rosmarin, Basilikum, scharfer Paprika)	nach Geschmack zugeben,
Salz, Pfeffer	abschmecken und fertig garen.

Dazu gibt es Nudeln.

Von Gundis Krahl aus Kassel.
Sie schreibt dazu:

„Der heutige Anruf unserer Tochter im Studium hat mich daran erinnert, dass ich ja auch noch einen Beitrag zum family-Kochbuch leisten wollte. Unsere Kinder verlassen so nach und nach das ‚Nest', erinnern sich aber immer noch gerne an daheim. So war unsere Tochter heute mit Kommilitonen unterwegs. Da gibt es doch so eine Raffaello-Torte, oder? Über Handy schnell Mutter nach den Zutaten gefragt mit der Bitte, das vollständige Rezept zu mailen. Im PC habe ich eine Vorlage für die Rezepte, so dass ich sie nur eintippen muss. Dann sind sie gleich ordentlich im Ordner „Kochbuch" auf der Festplatte und können als Anhang gemailt oder auch von den Kindern ausgedruckt und abgeheftet werden. Auf diese Weise sind nun schon viele Lieblingsrezepte der Familie festgehalten – ich empfinde das als ein Schatzkästchen, da ich sie wiederum oft auch von meiner Familie oder Freunden rund um den Globus habe. Fürs Kochbuch nun ein ganz praktisches Rezept, schnell und billig, mengenmäßig variabel, gelingt einem Grundschüler genauso gut wie einem Studenten im ersten Semester – und die Großeltern der Kids kochen es inzwischen auch ..."

Curry-Rindfleisch mit Erbsen

für 4 Personen

1 mittelgroße Zwiebel	schälen und fein hacken,
1 EL Butter	in einer Pfanne erhitzen und die Zwiebel darin andünsten.
500 g Rinderhackfleisch (oder Ragout)	beifügen und Farbe annehmen lassen.
1 ½–2 EL Currypulver	darüber streuen und mitdünsten.
150 ml Weißwein	dazugießen und
300 g Tiefkühlerbsen	beifügen.
	Alles zugedeckt 5 Min. kochen lassen.
100 ml Sahne	beifügen,
Salz, Pfeffer	würzen
	und weitere 5 Min. bei geringer Hitze kochen lassen, nicht zudecken.

Als Beilage passen Reis oder Salzkartoffeln.

Von Barbara Wernicke aus Riehen.

Rindsvoressen* an Erdnussbuttersoße

* Gulasch

Vor- und Zubereitungszeit: ca. 20 Min. (mit gefrorenem Blattspinat)
Kochzeit Fleisch: 1½–2 Std. oder im Dampfkochtopf ca. 20 Min.
Kochzeit Soße: 10–15 Min.

400 g Rindsvoressen	
5 dl Bouillon	Fleisch in Bouillon 1½–2 Std. kochen.
für die Soße:	
Öl	in einer Pfanne erhitzen,
1 Zwiebel	schneiden, zugeben,
4 Knoblauchzehen	pressen, zugeben und dünsten,
250 g aufgetauter Blattspinat	zugeben. Es kann auch frischer Blattspinat verwendet werden, diesen aber zunächst separat garen.
Salz, Pfeffer	würzen,
3 dl Fleischsud	beigeben und etwas kochen lassen, wenn nötig gekörnte Brühe beifügen.
2–3 dl lauwarmes Wasser	in eine Schüssel geben,
200 g Erdnussbutter	beifügen und glatt rühren.
	Der Soße beifügen und ca. 10 Min. köcheln lassen. Zwischendurch rühren. Fleisch beifügen. Wenn die Soße zu flüssig ist, kann sie mit etwas Mehl abgebunden werden. Mehr Erdnussbutter verstärkt den Geschmack.

Tipp:
Das Rindfleisch kann durch jede Fleischart nach Wunsch ersetzt werden. Kochzeit anpassen!

Kalbfleisch:	¾–1 Std.
Lammfleisch:	¾–1 Std.
Schweinefleisch:	1–1¼ Std.
Hähnchengeschnetzeltes:	3 Min. anbraten

Im Dampfkochtopf beträgt die Kochzeit ca. ⅕ der normalen Dauer.
Dazu wird am besten Reis serviert.

Von Familie Bory, zurzeit Tschad.

Sonja Bory berichtet über ihr Leben im Tschad:

Wir sind eine Familie aus der Schweiz, sind seit dem Jahr 2000 Missionare im Tschad und wohnen in der Hauptstadt N'Djaména. Sie hat ungefähr 600.000 Einwohner, ist leider sehr schmutzig und unhygienisch, was auf den Rest des Landes nicht zutrifft. Dort findet man hie und da doch ein schönes Plätzchen! Der Tschad ist ein Entwicklungsland im 10/40-Fenster, welches sich von über 30 Jahren Zivilkrieg noch nicht erholt hat. Stark islamisiert, aber noch offen fürs Evangelium. Oft fragen wir uns, für wie lange noch …

Oliviers Dienst

Die Gemeinden im Tschad haben vor über zehn Jahren begonnen, systematisch (geographisch) Evangelisationen durchzuführen, und wir schließen dieses Projekt dieses Jahr mit der Hauptstadt ab. Diese Kampagnen finden immer zwischen Weihnachten und Neujahr statt. Während vier Monaten nach der Evangelisation werden an strategischen Punkten Pastoren stationiert, um die Nacharbeit zu leisten. Dorthin, wo sich dann eine Hauszelle oder sogar eine kleine Gemeinde bildet, wird ein Missionar ausgesandt. Das sind immer ein-

heimische Familien oder selten allein Stehende. Diese befinden sich oft als Christen allein in einem Gebiet, wo sonst nur Moslems wohnen. Die Arbeit meines Mannes besteht darin, diese Familien zu besuchen, was viele Kilometer Reisedienst erfordert. Ermutigung, Ausbildung (auch der Ehefrauen) und Betreuung sind seine Hauptaufgaben. Nebenbei unterrichtet er an einer Abendschule für Pastoren, Älteste und Laien in N'Djaména. Diese machen in fünf Jahren während vier Abenden pro Woche eine Bibelausbildung, welche etwa einem Jahr Bibelschule in Europa gleichkommt.

Mein Dienst

Meine Hauptaufgabe sind meine drei kleinen Kinder. Da sie viel krank sind, erfordern sie meine 100%ige Anwesenheit. Als Krankenschwester unterhalte ich eine kleine Apotheke in unserem Haus und pflege die Leute aus unserem Viertel, unserer Gemeinde und Freunde. Mit diesen Tätigkeiten bin ich gut ausgelastet. „Nebensächlichkeiten" wie Haushaltsführung, Buchhaltung und Korrespondenz kommen ja wie bei jeder anderen Familie auch noch dazu!

Alltag im Tschad

Um 6 Uhr beginnt das Leben in unserer Straße, und wir werden durch laute Stimmen geweckt. Ziegen blöken, Enten und Gänse schnattern, Schweine grunzen, und die Hunde, die die ganze Nacht über gebellt haben, legen sich endlich hin um zu schlafen.

Der Alltag ist etwas komplizierter als in Europa. Einige mögen uns wegen unserer Haushaltshilfe beneiden, aber ich kann euch versichern, ohne sie würde ich hier nicht durchkommen! Der Strom ist mal da, mal nicht, öfter aber nicht; Wasserdruck gibt es zwischen Mitternacht und vier Uhr morgens, da müssen die Reserven aufgefüllt werden. Nur der Staub ist allgegenwärtig – wir wohnen nur 80 km von der Sahara entfernt!

In der Küche wird praktisch alles selbst hergestellt. Von 150 kg eingemachten Tomaten pro Jahr, getrockneten Zwiebeln und Petersilie, über Zitronensorbet, Sirup, Bisquits, Kuchen, Konfitüre und Joghurt, bis hin zu selbst gemachten Lasagneblättern oder Ravioli … möchte man(n) ein bisschen Heimat in der Küche, darf „frau" keine Mühen scheuen! Der Supermarkt ist auch nicht gerade um die Ecke, und um jede Frucht und jedes Stück Gemüse muss gefeilscht werden … Planung ist gefragt, und viel, viel Zeit.

Besuch kann um jede Tages- und Nachtzeit eintrudeln, und fixe Essenszeiten kennen die Tschader auch nicht. So kommt es gar nicht so selten vor, dass um 12.15 Uhr plötzlich zwei Personen zu Besuch kommen. Improvisieren ist angesagt, denn sie gehen bestimmt nicht in fünf Minuten wieder!

Um 18 Uhr ist es innerhalb weniger Minuten dunkel, und normalerweise gehen wir früher ins Bett, als wir es aus Europa gewohnt sind. Der Tag beginnt ja auch früher!

Rindsvoressen mit Erdnussbuttersauce

Dieses feine Rezept haben wir in Afrika kennen gelernt. Wir hatten schon viel Gelegenheit, mehr oder weniger Appetit anregende Gerichte zu probieren. Nachdem wir Herz, Hirn und eigenartige Gedärme gekostet hatten, haben wir das Erdnussbuttergericht zu unserem liebsten erkoren!

Hähnchenfleisch in Frühlingssoße

für 10 Personen

Als Beilage eignet sich z. B. Reis mit Wildreis oder Gemüsereis.

1 kg Hähnchenbrust	
oder Putenbrust	in Würfel schneiden und
etwas Öl	anbraten. Danach
Rosmarin, Paprika, Salz	würzen.
	Das Ganze mit etwas Wasser auffüllen und ca. 30 Min. kochen lassen.
200 g junge Erbsen	
200 g Spargelspitzen	dazugeben und garziehen lassen.
200 g Frischkäse	dazugeben und mit dem
50 g Mehl	in Wasser angerührten Mehl binden.

Von Familie Selle aus Dresden.

Chinesisches Ananaspoulet

für 4 Personen

2 EL Öl	
3 EL Sojasoße	
Pfeffer	
3 EL Stärkemehl (Maizena)	gut mischen,
4 Hühnerbrüstchen	in Würfel oder Streifen schneiden und mit der Marinade mischen. 30 Min. zugedeckt kühl stellen.
1 EL Öl	in einer Bratpfanne erhitzen, Pouletwürfel kurz anbraten,
4-6 Scheiben Ananas (Dose)	in Stücke schneiden und zum Poulet geben. Pfanne zudecken und auf kleinster Stufe 10 Min. schmoren. Nach 5 Min. wenden.
2 dl Ananassaft	
2 EL Sojasoße	
1 TL Stärkemehl	
Salz und Pfeffer	gut mischen und über die Poulet-Ananas-Mischung gießen. Gut umrühren und aufkochen. Anrichten. Dazu Reis servieren.

Von Familie Ganz-Greb aus Saland.

Variante für den Ofen:

Sauerkraut-Ananas-Pute. Für 6 Personen 900 g Putenbrust würfeln. 1 große Dose Ananasstücke, 1 große Dose Sauerkraut, 1 Becher süße Sahne, ca. 75 ml pikante Asiasoße mischen und in eine feuerfeste Form geben. Ca. 55 Min. bei 180° C im Backofen garen. Dazu passt Reis, der schön gelb wird, wenn man ihm etwas Safran beimengt.

Von Familie Behrens aus Burgdorf.

Griechisches Zitronenhähnchen

2 Knoblauchzehen	klein schneiden,
125 ml Zitronensaft	frisch pressen.
125 ml Olivenöl	
Salz, Pfeffer	Alles miteinander zu einer Soße vermischen.
1 kg kleine Kartoffeln	
100 g kleine Zwiebeln	schälen und in die Soße geben.
6-8 Hähnchenschenkel	auf ein Backblech legen, anschließend die Soße mit den Zwiebeln und den Kartoffeln darüber verteilen.
1 TL getr. Thymian	darüber streuen.
	Ca. 1,5-2 Std. bei 200° C backen.
200 g Schafskäse	würfeln und 10 Min. vor Ende der Backzeit dazugeben und mitbacken.

Von Familie Achenbach aus Haiger-Steinbach.

Rotbarsch mit Möhren-Käse-Haube

für 4 Personen

600 g Rotbarschfilet	waschen, trockentupfen,
Saft einer ½ Zitrone	darüber träufeln.
100 g Möhren	waschen, schälen und grob raspeln.
4 Zweige Basilikum	
4 Zweige Petersilie	Kräuter ebenfalls waschen, trockenschwenken und grob hacken.
50 g geriebenen Emmentaler	
1 Ei	
Salz, weißer Pfeffer (Mühle)	Käse mit Ei, Salz und Pfeffer vermengen.
	Möhren und Kräuter unterheben.
1 TL Butter oder Margarine	Eine große Auflaufform einfetten. Fischfilets hineinlegen und leicht salzen. Käse-Möhren-Masse auf den Filets verteilen. Den Fisch etwa 20 Min. im vorgeheizten (200° C) Backofen überbacken.
Dazu schmeckt dieser Salat:	
½ Eichblattsalat	
½ Kopfsalat	putzen, gründlich waschen und grob zerzupfen.
2 EL Weinessig	
2 EL Sonnenblumenöl	
Salz, weißer Pfeffer	
½ TL mittelscharfer Senf	
1 Prise Zucker	zu einer Marinade verrühren, mit den Salatblättern mischen.
	Außerdem gut dazu: Pellkartoffeln oder Vollkornbaguette.

Von Familie Hettinger aus Ingelfingen.

Gemüse & Käse

Gebackener Schafskäse mit Thymian

für 2 Personen

	Den Backofen auf 200 – 220° C vorheizen.
2 Schafskäsescheiben à 200 g mit mind. 50 % Fett i. Tr.	in zwei kleine feuerfeste Auflaufförmchen legen oder aus fester Alufolie rechteckige Teller mit Rand formen und den Käse hineinlegen.
200 ml Olivenöl **1 EL Paprikapulver edelsüß** **2 große Knoblauchzehen**	pressen und mit Paprika und Öl in einer Schüssel gut verrühren und über den Käse gießen.
2 TL gerebelter Thymian oder **2 Zweige frischer Thymian**	über die Käsescheiben streuen bzw. die gewaschenen Thymianzweige darauf legen.
	Das Ganze im Backofen für 15-20 Min. backen. Dazu serviert man reichlich Baguette.

Von Claudia Totz aus Neutraubling.

Variante von **Anja Weinmann** aus Eschenburg:
Gewürfelte Tomaten über den Schafskäse streuen, statt Paprika Biber-Pulver aus dem türkischen Laden verwenden.

Gebackenes Gemüse

für den Teig: **1 Tasse Bier** **1 Tasse Mehl** **1 EL Olivenöl** **Salz, Pfeffer**	zu einem Teig verarbeiten.
Gemüse: **Zucchini** **Auberginen** **Paprika**	in 1 cm dünne Scheiben schneiden, salzen und 30 Min. ruhen lassen. Danach das Gemüse mit Küchenpapier trocknen, im Bierteig wenden und beidseitig in heißem Olivenöl goldgelb backen. Auf Küchenpapier abtropfen lassen. Dazu Joghurt oder Tomatensoße.

Von Christine Lorenz aus Lengefeld.

Rosenkohl mit Quarkhaube

für ca. 5 Personen

Wahlweise auch mit anderem Gemüse zuzubereiten.

1 kg Rosenkohl	putzen, Röschen am Strunk kreuzförmig einschneiden, waschen, in kochendes Salzwasser geben, in 15–20 Min. gar kochen lassen, dann abgießen.
Pfeffer	In eine gefettete Form geben, mit Pfeffer bestreuen.
400 g Fleischwurst	enthäuten und würfeln, über den Rosenkohl geben.
200 g Kräuterquark	
2 Eier	gut miteinander verrühren und darüber verteilen.
etwas Semmelmehl	darüber streuen,
geriebener Gouda oder Emmentaler	mit dem Käse bedecken.
	Auf dem Rost im vorgeheizten Backofen bei 200° C ca. 20–30 Min. backen.

Von Dana Schulz aus Berlin.

Rosenkohl-Kartoffelpüree

Dazu: Bratwürstchen oder auch Fischstäbchen.

800 g mehlig kochende Kartoffeln	schälen und in kleine Stücke schneiden.
500 g Rosenkohl	putzen.
	Kartoffelstücke und Rosenkohl garen (10–15 Min. im Siebeinsatz des Schnellkochtopfes über Salzwasser bzw. 20–25 Min. im normalen Topf). Abtropfen lassen und in eine große Schüssel geben.
150 g Butter	
400 ml Sahne	50 g Butter mit der Sahne erhitzen, bis die Butter geschmolzen ist. Die Sahnemischung über das Gemüse geben. Alles mit einem Kartoffelstampfer nicht zu fein stampfen.
Pfeffer, Muskat, Majoran	Abschmecken.
	Die restliche Butter in einer Pfanne hellbraun werden lassen und entweder gleich noch unter das Gemüse heben oder extra zum Püree servieren.

Von Sylke Becker aus Nümbrecht,
die dazu schreibt:

„Dieses Rezept ist eine Neuentdeckung gewesen. Rosenkohl ist ja gerade bei Kindern nicht so der Hit (bei manchen „Großen“ auch nicht wegen der Kindheitserinnerungen daran ...). In dieser sahnigen Kombination ist er zwar recht kalorienreich, schmeckt aber wirklich gut.

Zucchinipuffer

für 4 Personen

1 kg Zucchini	hobeln, in ein Sieb geben,
Salz	1 EL Salz darüber geben, abtropfen lassen, etwas ausdrücken.
2 Zwiebeln	reiben,
1 Bd. Petersilie	fein hacken.
2 Eier	
½ Tasse geriebener Käse	
½ Tasse Paniermehl	Alle Zutaten mischen. Es sollte ein dicklicher Teig entstehen.
	Puffer formen, evtl.
Mehl	in Mehl wenden und in reichlich
Olivenöl zum Backen	Olivenöl beidseitig goldgelb backen.

Von Christine Lorenz aus Lengefeld.

Eierrösti mit Erbsen

für 2 Personen

2 Scheiben Vollwerttoastbrot	in kleine Würfel schneiden,
0,2 l Magermilch	darüber gießen und einige Min. darin einweichen lassen.
2 Schalotten	
30 g magerer roher Schinken	in kleine Würfel schneiden.
20 g Butter oder Margarine	in einer beschichteten Pfanne erhitzen und die Schalotten- und Schinkenwürfel darin glasig dünsten.
100 g Tiefkühlerbsen	dazugeben und zugedeckt bei schwacher Hitze etwa 5 Min. garen.
3 Eier	
Salz, weißer Pfeffer (Mühle)	
1 EL gehackte Kräuter (z. B. Petersilie, Estragon, Kerbel, Schnittlauch)	mit einer Gabel verquirlen und unter die eingeweichten Brotwürfel mischen. Die Masse in die Pfanne zu den Erbsen geben und unter Rühren mit einem Holzlöffel bei mittlerer Hitze goldgelb braten. Auf vorgewärmten Tellern servieren.

Tipp:
Es schmeckt auch sehr fein, wenn Sie zusätzlich geriebenen Käse unter die Eimasse mischen.

Von Karen Breetz aus Berlin.

Gefüllte Champignons

für 4 Personen als Hauptgang oder 8 Personen als Vorspeise

16 Riesenchampignons	putzen, die Stiele lösen, die Köpfe nebeneinander in eine große Auflaufform setzen.
100 g kleine Champignons	Die Stiele sowie die kleinen Champignons fein hacken.
1 Zwiebel	fein würfeln.
1 Knoblauchzehe	In der Margarine glasig dünsten. Dann die gehackten Champignons
1 EL Margarine	dazugeben und das Ganze gut anbraten.
Salz, Pfeffer	Jetzt gut würzen und noch weitere 5 Min. dünsten.
300 g geriebener Gouda	
300 g Creme fraîche	Nun die Creme fraîche und die Hälfte des Käses unterrühren und so lange weiter erhitzen, bis der Käse geschmolzen ist.
1 Bund Petersilie	Zum Schluss die fein gehackte Petersilie unterrühren und nochmals abschmecken. Mit der Champignoncreme die Köpfe füllen und den restlichen Käse gleichmäßig darüber streuen. Im Backofen bei 200° C ca. 10–15 Min. überbacken. Dazu reicht man Baguette oder Reis.

Von Claudia Totz aus Neutraubling.

Exotischer Auberginencurry

für 4 Personen

Tipp: Dazu schmecken frische Vollkornbrötchen oder ein Getreidegericht (z. B. Reis).

500 g Auberginen	waschen, putzen, in kleine Würfel schneiden,
Salz	mit Salz bestreuen und etwa 30 Min. stehen und abtropfen lassen.
100 g Sonnenblumenkerne	in der Zwischenzeit in einer trockenen Pfanne rösten, bis sie anfangen zu duften.
1 Zwiebel	schälen, fein würfeln und zusammen mit den Auberginenwürfeln
3 EL Öl	in Öl anbraten.
50 g Rosinen	hinzufügen,
2 Knoblauchzehen	zerdrücken, hinzufügen.
1 Gemüsebrühwürfel	in ¼ l heißem Wasser auflösen,
2 EL Tomatenmark	darin verrühren und die Auberginen damit ablöschen. Bei kleiner Hitze etwa 10 Min. garen.
1 TL Koriander (gem.)	
1 TL Curry	
1 TL Ingwer	
frisch gem. Pfeffer, evt. Salz	Die Gewürze hinzufügen, die Sonnenblumenkerne unterrühren und das Ganze noch einmal 5 Min. ziehen lassen.
1 Becher Joghurt	Je nach Geschmack kurz vor dem Servieren unterziehen (dann nicht mehr kochen lassen) oder getrennt zum Curry reichen.

Von Familie Conder aus Wielenbach.

Semmelknödelrolle

10 leicht angetrocknete Semmeln (oder Knödelbrot)	feinblättrig schneiden (z. B. mit der Brotschneidemaschine).
3/8 l lauwarme Milch	
1 Prise Salz	über die Semmeln gießen, ziehen lassen.
2 EL Zwiebel	
1 Bund Petersilie	fein hacken
30 g Butter	und in Butter andünsten, zur Semmelmasse geben.
4–5 Eier	gut mit der Masse vermischen.
	2 Rollen formen, in 2 Gefrierbeutel geben, gut verschließen und ca. 40 Min. in siedendem Wasser garen lassen.
	Zum Anrichten in Scheiben schneiden.

Von Susanne Schürger aus Feuchtwangen.

Als Beilage zu Pilzen, Gulasch, Tomatensoße oder Salat.

Susanne Schürger schätzt dieses Rezept, weil es gut vorzubereiten ist, ganz schnell geht und der Kloß nicht zerfallen, aber sehr gut warm gehalten werden kann.

Nudeln

Popeye-Spaghetti

250 g Spaghetti	in Salzwasser kochen,
1 Päckchen TK-Spinat	auftauen und erhitzen,
1 Päckchen Kräuterfrischkäse	unterrühren.
etwas Milch	unterrühren, damit es flüssiger wird, aufkochen
Salz, Gewürze nach Belieben	und würzig abschmecken.

Von Familie Bürgin aus Fischingen.

Spaghetti mit Champignonsoße

250 g Spaghetti	gar kochen.
250 g frische Champignons	in Scheiben schneiden,
1 Zwiebel	würfeln,
etwas Butter	in Butter anbraten.
250 ml Sahne	dazugießen,
150 g Frischkäse	nach Belieben dazugeben.

Von Familie Schwarz aus Deiningen.

Spaghetti mit Bohnenpüree

für 4 Personen

Zu diesem würzigen Nudelgericht passt am besten ein Tomaten- oder Raukesalat.

2 Knoblauchzehen	schälen,
2 Zwiebeln	schälen und fein hacken,
200 g Kidneybohnen aus der Dose	
1 kl. Dose geschälte Tomaten	getrennt voneinander in ein Sieb abgießen und gut abtropfen lassen. Die Bohnen und Tomaten in eine Schüssel geben, den Knoblauch dazu pressen und alles pürieren.
1 EL Öl	in einem Topf erhitzen,
400 g Rinderhackfleisch	darin von allen Seiten unter Rühren anbraten. Die Zwiebelwürfel dazugeben und kurz mitbraten. Danach das Bohnenpüree darunter rühren, das Ganze
Salz	salzen und zugedeckt etwa 10 Min. garen. In der Zwischenzeit 4 l Salzwasser in einem großen Topf zum Kochen bringen.
400 g Spaghetti	hineingeben und in 8 bis 11 Min. bissfest kochen, anschließend in ein Sieb abgießen und gut abtropfen lassen.
Schwarzer Pfeffer aus der Mühle	
1 TL Chilipulver	Die Soße mit Pfeffer und Chilipulver pikant abschmecken, sie dann gut mit den Nudeln mischen und das Gericht auf Tellern servieren.

Von Barbara Wernicke aus Riehen.

Penne mit Gemüse

für 4 Personen

500 g Penne (Röhrennudeln)	in reichlich Salzwasser al dente kochen.
1 rote Paprikaschote **2 große Möhren** **1 Zucchini** **2 Zwiebeln** **1 Knoblauchzehe**	Das Gemüse waschen, Möhren, Zwiebeln und Knoblauch schälen. Paprika, Möhren, Zucchini und Zwiebeln in feine Streifen schneiden, den Knoblauch fein würfeln oder pressen.
100 ml Olivenöl	in einer großen Pfanne erhitzen, dann Zwiebeln und Möhren darin anbraten. Nach 5 Min. die Paprika zugeben, nach weiteren 3 Min. die Zucchini und den Knoblauch. Alles schön anrösten.
Salz, Pfeffer **1 EL gerebelter Oregano** **evtl. Chiliflocken**	Mit den Gewürzen abschmecken. Die Nudeln abgießen und mit dem Gemüse sorgfältig vermischen.
Parmesan	Sofort und heiß servieren. Dabei über jede Portion reichlich frisch geriebenen Parmesan streuen.

Von Claudia Totz aus Neutraubling.

Spaghetti mit Pseudo-Tomaten-Soße

400 g Spaghetti	in Salzwasser kochen.
Für die Soße: **2 Karotten** **1 Stange Lauch** **3 Tomaten** **1 gelbe Paprika**	Gemüse zerkleinern
etwas Butter	und in Butter andünsten.
¼ l Sahne	Mit Sahne und Wasser auffüllen, Gemüse weich kochen und mit dem Mixer oder Mixstab pürieren. Mit Wasser die gewünschte Konsistenz herstellen.
Tomatenmark **Ketchup** **Gewürze**	Mit den Gewürzen abschmecken.

Von Familie Zeh aus Aichstetten, die ihren Kindern so fast unbemerkt eine Extraportion Gemüse unterjubelt ...

Nudelpfanne mit Broccoli und Lauch

für 4 Personen

4 l Wasser	
2 EL Salz	aufkochen.
300 g Broccoliröschen	putzen.
100 g Lauch	in Streifen schneiden.
400 g große Teigwaren	alles zusammen in das kochende Wasser geben und 20 Min. garen. Wasser abgießen und die Teigwaren-Gemüsemischung in einer Schüssel anrichten.
200 g Schinken	würfeln,
4 dl Rahm	
50 g geriebener Käse	
Salz und Pfeffer	alles zusammen aufkochen und über die Teigwaren-Gemüsemischung gießen.

Dieses Nudelgericht lässt sich einfach und schnell zubereiten.
Sehr geeignet, wenn man Gäste erwartet!

Von Familie Ganz-Greb aus Saland.

Curry-Nudel-Pfanne mit Zucchini

für 4-5 Personen

300 g Spiralnudeln	
Salz	mit Salzwasser garen, abtropfen lassen.
2 mittelgroße Zwiebeln	pellen, hacken,
3 Zucchini (350 g)	waschen und in dünne Scheiben hobeln.
1 ½ EL Öl	
1 EL Butter	in einer weiten Pfanne oder im Wok erhitzen, Zwiebel und Zucchini braten bis alles gar, aber nicht zerfallen ist, aus der Pfanne nehmen und die Nudeln in die Pfanne geben. Evtl. noch etwas Butter zufügen. Nudeln leicht braten.
250 g Forellenfilets	in Stückchen zupfen.
200 g Schmand	
3-4 TL Currypulver	
Pfeffer	Schmand mit allen Gewürzen und dem Saft der Zitrone mischen. Fisch, Currysoße und Gemüse unter die gebratenen Nudeln heben, kurz durchziehen lassen, abschmecken.
½ ungespr. Zitrone	Mit Zitronenscheiben garnieren.

So mögen auch die Kinder Fisch!

Von Familie Becker aus Nümbrecht.

Milde China-Pfanne

350 g Hähnchenbrustfilet	in mundgerechte Stücke schneiden.
2 EL Sojasauce	
1 EL Sesamöl	
Salz, Pfeffer	
1 Tl getrockneten Ingwer	zu einer Marinade anrühren. Das Fleisch 2 Stunden darin ziehen lassen.
250 g kleine Champignons	in dünne Scheiben schneiden.
1 Bund Möhren	schälen und raspeln.
1 Bund Frühlingszwiebeln	mit Grün in Ringe schneiden.
1 walnussgroßes Stück frischen Ingwer	in kleine Stücke schneiden.
1 Knoblauchzehe	
250 ml Gemüsebrühe	
2 EL Sojasauce	
1 EL Balsamessig	
1 Tl Zucker	
1 EL Speisestärke	zu einer Würzsauce verrühren.
2 EL Öl	im Wok sehr heiß werden lassen. Das abgetropfte Fleisch anbraten, bis es weiß aussieht, anschließend herausnehmen und beiseite stellen.
2 EL Öl, 2 EL Sesamöl	neu im Wok erhitzen, nacheinander Möhren, Champignons und Frühlingszwiebeln anbraten, dabei immer gut umrühren. Wenn das Gemüse bissfest ist, Ingwer und Knoblauch und das Fleisch dazugeben.
250 g Wok-Nudeln (Instant)	ebenfalls unterrühren.
	Die Hitze reduzieren, die Würzsauce und Reste der Fleischmarinade angießen, umrühren, einmal aufkochen und so lange ziehen lassen, bis die Nudeln weich sind.
	Abschmecken und genießen!

Von Familie Jüntgen aus Wattenscheid.

Anita Jüntgen schreibt dazu: „Dieses Gericht ist unser traditionelles Essen für den Samstag, bei dem alle Familienmitglieder mithelfen: Der Vater ist Spezialist für die richtige Marinade, Raimund (9) und Dora (7) schneiden die Pilze klein, die Mutter kümmert sich um Möhren, Frühlingszwiebeln und Würzsauce, und Christoph (1) feuert alle mit lauten Rufen an („njam, njam"). Als Zusatzspaß kann es stilecht aus Schälchen mit Stäbchen gegessen und mit verschiedenen Würzsaucen veredelt werden. Gemüse und Gewürze sind Vorschläge und können nach Vorliebe und Jahreszeit verändert werden. Wichtig ist nur, dass das Gemüse sehr fein geschnitten bzw. geraspelt wird, damit es schnell durchbrät."

Lachsnudeln

für 4-6 Personen

500 g Bandnudeln oder Farfalle	in Salzwasser kochen und kalt abschrecken.
600 g Spinat	waschen, unabgetropft im heißen Topf zusammenfallen lassen, Flüssigkeit ausdrücken,
Salz, Pfeffer	würzen.
200 g geräucherten Lachs	in fingerbreite Streifen schneiden.
1 kleine Stange Lauch	
2 Frühlingszwiebeln	Beides in dünne Ringe schneiden
Öl (zum Anbraten)	und in Öl anbraten,
400 ml Sahne	
200 ml Schmand	mit Sahne und Schmand ablöschen.
2 Gemüsebrühwürfel	
Salz, Pfeffer	
Rosmarin, Oregano	Kräftig würzen, Lachsstreifen unter die Soße heben, Nudeln, Spinat und Soße abwechselnd in eine Auflaufform schichten, zuoberst eine Schicht Nudeln.
2 Kugeln Mozzarella	in Scheiben schneiden und auf dem Auflauf verteilen. Im vorgeheizten Ofen bei 200° C 45 Min. backen.

Von Familie Brenner aus Altensteig.

Bandnudeln mit Möhrchenstreifen

für 1 Erwachsenen und 1 Kind

2 Möhren	waschen und schälen und mit dem Sparschäler in feine Streifen schneiden.
150 g Bandnudeln	nach Packungsanleitung kochen. 2 Min. vor Ende der Garzeit die Möhrenstreifen zufügen und mitkochen. Anschließend abgießen und abtropfen lassen.
1 Zwiebel	
1 Knoblauchzehe	schälen und klein schneiden,
1 TL Sonnenblumenöl	im Öl glasig dünsten.
10 EL Wasser	dazugeben.
1 TL gekörnte Gemüsebrühe	unterrühren und aufkochen.
6 TL Crème fraîche	unterrühren und etwas einkochen lassen.
½ Packung Kresse	Von der Kresse die Blättchen abschneiden, unter die Soße rühren und erhitzen.
Salz, Pfeffer	Mit frisch gemahlenem Pfeffer und Salz würzen. Die Soße zu den Nudeln reichen.

Von Familie Schönthaler aus Wildberg.

Maxi selbst (Foto) isst sie am liebsten noch warm,
der Rest der Familie gut durchgezogen.

Maxi-Nudeln

500 g grüne Bandnudeln	in reichlich Salzwasser bissfest kochen.
300 g Salami oder roher Schinken	in Streifen schneiden.
3 Zwiebeln	in Ringe schneiden.
300 g Cocktailtomaten	halbieren,
200 g Schafskäse	zerbröckeln.
Olivenöl	
Balsamico-Essig	
Kräutersalz, Pfeffer	Aus diesen Zutaten ein Dressing anrühren,mit Nudeln, Zwiebeln, Tomaten und Käse vermengen.

Von Rita Kremer aus Wattenscheid.

Käsespätzle

für 4-6 Personen

350 g Mehl **knapp 2 TL Salz** **3 Eier** **200 ml Wasser**	gut mischen, Teig mit der Kelle so lange klopfen, bis er in Fetzen von der Kelle reißt, 30 Min. stehen lassen.
2 l Wasser **1 EL Salz**	aufkochen, Teig durchs Spätzlesieb ins kochende Wasser streichen. Kochzeit: 3-5 Min. Spätzle gut abtropfen und warm stellen.
250 g Käse	reiben,
1 kleine Zwiebel	fein würfeln.
150 g Schinken- oder Speckwürfel	Zwiebel und Speck anbraten.
	Die gekochten Spätzle abgießen und noch heiß in eine gefettete Auflaufform geben. Die Hälfte des geriebenen Käses und die Zwiebel-Schinken-Mischung unterheben.
20 g Butter	erhitzen,
1 EL Mehl	darin anschwitzen, mit
⅛ l Brühe	ablöschen,
3 EL saure Sahne	unterrühren und mit
Salz und Pfeffer	würzen.
	Restlichen Käse in der Soße schmelzen lassen und über die Nudeln in der Auflaufform gießen.
	Bei 160° C im vorgeheizten Backofen überbacken, bis sich oben eine leichte Kruste gebildet hat (ca. 10-15 Min.).
Oder:	Speck mit Zwiebeln in der Pfanne anbraten,
200 g Champignons	in Scheiben schneiden, zugeben, andünsten,
400 ml Rahm (oder teils Milch)	zugeben, aufkochen.
gekochte Spätzle	
100 g Reibekäse	zugeben, gut mischen.
Salz und Pfeffer	würzen,
Schnittlauch, fein geschnitten	darüberstreuen.

Schneller geht es mit Spätzle aus dem Kühlregal.
In jedem Fall passt dazu hervorragend ein grüner Salat.

Die Ofenversion stammt von Familie Schönthaler aus Wildberg, die Pfannenvariante von Familie Ganz-Greb aus Saland.

Spinatspätzle mit frischen Pilzen und Schinkenstreifen

für den Spätzleteig:	
600 g frischen (oder 250 g TK-Spinat)	Frischen Spinat waschen, im heißen Topf unabgetropft zusammenfallen lassen. Abkühlen lassen und fein hacken.
500 g Mehl	
4 Eier	
Salz, etwas Muskat	Aus Mehl, Eiern, Spinat und Gewürz einen Teig herstellen und Spätzle in kochendes Wasser einhobeln. Sie sind fertig, wenn sie an die Oberfläche steigen. Kalt abschrecken.
für die Soße:	
1 kleine Zwiebel	in Butter andünsten,
150 g Schinken in Streifen	
200 g Pilze	dazugeben, anbraten.
¼ l Sahne	dazugießen.
	Die Spätzle unterheben, kurz aufkochen. Vom Herd nehmen,
60 g feingeriebenen Emmentaler Käse	darunter mischen, mit Salz und Pfeffer würzen.

Von Familie Zeh aus Aichstetten.

Lasagne Bologneser Art (Grundrezept)

für 4 Personen

für die Bolognesesoße:	
1 kleine Zwiebel	in Würfel schneiden und in einer Pfanne glasig dünsten,
500 g gem. Hackfleisch	dazugeben und anbraten.
1 kl. Dose pürierte Tomaten	aufgießen und kräftig würzen mit
Rosmarin, Thymian, Oregano und Kräutersalz	(evtl. kann noch Suppenstreuwürze dazugegeben werden). Kurz köcheln lassen.
für die Béchamelsoße:	
2 EL Butter	erhitzen, bis sie schäumt.
2 EL Mehl	dazugeben, unter Rühren goldgelb werden lassen.
375 ml Milch (evt. leicht erwärmt)	unter Rühren dazugeben, aufkochen lassen, einige Minuten (immer weiterrühren!) kochen lassen, bis die Soße die gewünschte Konsistenz erreicht hat.
Salz, Pfeffer, Muskat	kräftig abschmecken.
1 Päckchen Lasagne Nudelplatten	
1 Päckchen Mozzarella	In eine feuerfeste Auflaufform immer eine Schicht ungekochte Lasagnenudeln legen, darauf einige Löffel Bolognese-Soße, darauf 2-3 Mozzarellascheiben verteilen. Dann wieder eine Schicht Nudelplatten, Soße, Mozzarella, insgesamt 5-6 Schichten hoch. Auf die letzte Lasagnenudellage die Béchamelsoße geben. Bei 190° C im Backofen ca. 35-45 Min. backen.

Dazu schmecken alle Arten von Salat.

Von Familie Buck, per E-Mail.

Varianten:

Gemüselasagne:

Statt der Fleischsoße 1 Zwiebel, 800-1000 g Gemüse (z. B. Zucchini, Paprika, Lauch, Broccoli, Karotten, Spinat, Mangold ...) andünsten, mit 400 ml Gemüsebrühe und ½ Päckchen Kräuterfrischkäse oder Sahne sowie frischen Gartenkräutern verfeinern. Gemüse abwechselnd mit einer Tomatensoße und Lasagneblättern in die Form füllen. 10 Min. vor Ende der Garzeit 2 Mozzarella-Kugeln darüber schneiden.

(Von **Familie Greiner** aus Efringen-Kirchen.)

Käse-Kräuter-Lasagne:

250 g Ricotta oder Magerquark, 250 g saurer Halbrahm, 75 g geriebener Sbrinz (Schweizer Hartkäse – Parmesan geht auch), ½ Bund Petersilie und ½ Bund Schnittlauch sowie weitere Kräuter nach Geschmack (fein gehackt), Salz, Pfeffer in einer Schüssel gut mischen, pikant abschmecken. Im Wechsel mit Tomatensoße und Lasagneplatten in die Form füllen. Mit geriebenem Käse und Butterflocken bestreuen.

(Von **Familie Hüppi** aus Oberglatt.)

Champignonlasagne:

1 Zwiebel, 1 Knoblauchzehe fein hacken, 300 g Möhren abbürsten und in Scheiben schneiden, 500 g Champignons putzen und blättrig schneiden, 150 g Schwarzwälder Schinken würfeln. Zwiebel, Knoblauch und Möhren in 2 EL Butter oder Margarine andünsten, Pilze dazugeben, bei starker Hitze ca. 5 Min. braten, dann Schinken zufügen. Mit Salz und Pfeffer abschmecken. 400 ml Sahne angießen, 200 g Champignon-Schmelzkäse darin verrühren, 1 Päckchen Fertigwürzmischung für Zürcher Geschnetzeltes einrühren, aufkochen lassen, mit 3 EL Wein verfeinern. Mischung abwechselnd mit Lasagneplatten in die Form füllen.

200 g Schmand, 150 g Frischkäse mit Kräutern, 3 Eier, Salz, Pfeffer, etwas Muskatnuss vermischen und auf der Lasagne verteilen. 200 g mittelalten Gouda reiben und darüber streuen. Braucht eine Stunde im Ofen.

(Von **Familie Moser** aus Mainleus.)

Kartoffeln

Gschwellti* mit drei Soßen

Kartoffeln	in beliebiger Menge abschrubben, kochen.
Hüttenkäsesoße:	
1 Bund Schnittlauch	
1-2 Tomaten	fein schneiden,
1 kleine Chilischote oder	schälen, würfeln.
¼ TL Cayenepfeffer	
¼ TL Salz	
Pfeffer aus der Mühle	
200 g Hüttenkäse	Alles gut verrühren.
Remouladensoße:	
3 hart gekochte Eier	klein hacken,
1 kleine Zwiebel	sehr fein hacken,
8-10 Essiggürkchen	fein hacken,
1 Bund Petersilie	sehr fein hacken,
200 g Joghurt	
200 g Mayonnaise	alles mischen. Diese Soße passt auch wunderbar zu Spargel!
Salsa verde:	
1 Bund Basilikum	
1 Bund glatte Petersilie	
1 kleine Zwiebel	
1 hart gekochtes Ei	alles fein hacken,
1 große Knoblauchzehe	pressen,
2 EL Parmesan	frisch reiben.
1 TL Zitronensaft	
¼ TL Salz	
Pfeffer aus der Mühle	Alles gut mischen,
75 ml Olivenöl	portionsweise darunter rühren.

*Gschwellti sind Pellkartoffeln. In der Schweiz werden sie in einem Gschwellti-chörbli auf den Tisch gebracht, das innen mit Stoff bezogen ist und in dem die Kartoffeln folglich länger warm bleiben.

Von Familie Greiner aus Efringen-Kirchen, die keine Pellkartoffeln mit Quark mag.

Variation:

Eine dampfend heiße Pellkartoffel schälen, halbieren, mit einer Scheibe Schnittlauchscheibletten belegen, mit Salsa verde bestreichen. Mmh ...!

Pizzakartoffeln vom Blech

Tipp: Auch anderes Gemüse (wie Mais oder Broccoli) schmeckt gut darauf.

1 kg fest kochende, mittelgroße Kartoffeln	in der Schale gar kochen, schälen und längs halbieren.
1 Bund Basilikum	waschen und Stiele entfernen. Die Basilikum-Blättchen
2 EL kalt gepresstes Olivenöl	zusammen mit dem Olivenöl
30 g Pinienkerne (ersatzweise Sonnenblumenkerne)	und den Pinienkernen im Mixer zu einer Paste verarbeiten.
Salz, Zitronensaft	
Fett für das Blech	
200 g kleine, feste Tomaten	Die Paste mit etwas Salz und Zitronensaft abschmecken.
10 gefüllte grüne Oliven	Den Backofengrill vorheizen und ein Backblech einfetten.
1 Kugel Mozzarella	waschen, Stielansätze entfernen. Die Tomaten
schw. Pfeffer, frisch gemahlen	und Oliven in Scheiben schneiden.
	klein würfeln.
	Die Schnittflächen der Kartoffeln mit der Basilikumpaste bestreichen, auf das
50 g geriebener Käse	Blech setzen und mit Oliven- und Tomatenscheiben belegen. Anschließend je
	nach Geschmack pfeffern.
	Die Hälfte der Kartoffeln mit den Mozzarellawürfeln und die andere mit dem
	geriebenen Käse bestreuen.
	Die Kartoffeln etwa 10 Min. im Backofen gratinieren.

Von Familie Wittich aus Efringen-Kirchen.

Backkartoffeln mit Dip

Ein köstliches Essen, das wenig kostet, im Nu vorbereitet und außerdem nahrhaft ist.

mittelgroße Kartoffeln (Menge nach Hunger)	Kartoffeln mit Schale gut säubern und längs halbieren. Mit der Schale nach unten auf ein mit
Olivenöl	Olivenöl bestrichenes Backblech setzen. Mit Olivenöl beträufeln,
Salz, Pfeffer	salzen, leicht pfeffern und mit
Oregano, Rosmarin	Oregano oder Rosmarin bestreuen.
	Bei 200° C 20–30 Min. backen.
für den Dip:	
1 Paket Kräuterquark oder normaler Quark	
etwas Milch	glatt rühren.
Gemischte Tiefkühlkräuter	unterrühren.
Etwas Mayonnaise,	Mit Mayonnaise und
Etwas Meerrettich aus dem Glas	Meerrettich abschmecken.
evtl. ½ Salatgurke und Kochschinken	Nach Wunsch Salatgurke und Kochschinken würfeln und untermischen.

Von Familie Baumann aus Arpke.

Gebackene Kartoffelschnitze

8-10 mittlere Kartoffeln	schälen und in ca. 1 cm dicke Schnitze schneiden. (Biokartoffeln einfach nur gut waschen und bürsten, nicht schälen.)
4 EL Olivenöl	
Salz, Pfeffer	
2 EL Maismehl (Polenta)	
getr. Kräuter nach Belieben	Öl, Mehl, Gewürze, Kräuter mischen, die Kartoffeln darin gut wenden und auf zwei mit Backpapier ausgelegten Blechen verteilen. Bei 200° C backen, bis alle Schnitze schön knusprig sind. Zwischendrin ab und zu wenden. Sie schmecken auch kalt!

Von Familie Schwarz aus Deiningen.

Jonas' Kindergartenkartoffeln

Backofen	auf 200°C vorheizen.
Buddelhosen	anziehen.
Ärmel	hochkrempeln.
Einen Eimer Kartoffeln, einen Eimer Wasser	auf die Terrasse stellen.
Je Kind eine Gemüsebürste oder Nagelbürste	verteilen. Kartoffeln gründlich abschrubben, dann halbieren.
Öl, Kräutersalz	Ein Backblech einpinseln und mit Salz bestreuen. Kartoffeln mit der Schnittfläche nach unten auf das Blech legen, ca. 20 Min. im Ofen garen.

Mit Kräuterquark, Ketchup oder Butter eine super Mahlzeit!

Von Familie Kremer aus Wattenscheid.

Gefüllte Kartoffeln

für 4 Personen

1 kg Kartoffeln (Jumbo)	garen, pellen, halbieren und aushöhlen.
1 Zwiebel	hacken,
1 Ei	Kartoffelrest, Zwiebel, Ei und
400 g Hackfleisch	Hackfleisch vermengen,
Salz, Pfeffer	
Paprika, Knoblauch	würzen, alles kurz anbraten. Nun die Kartoffelhälften mit der Masse füllen.
Käsescheiben	auflegen und überbacken. Dazu reichen: Baguettes, Salat, Dips.

Von Familie Egbers aus Osterwald.

Berndine Egbers schreibt dazu: „In der Niedergrafschaft hält man noch viel von Besuchen. Natürlich „möt dann wat up de Tofel". Aber bitte nur `ne Kleinigkeit. Da kam mir dieses Rezept gerade recht. Mit einem schönen Glas Wein, Dips und so weiter ist der Abend gerettet."

Eines unserer Familienrezepte läuft unter dem Titel „Vaterstettener Kartoffelgemüse". Vaterstetten, ein Vorort im Münchener Osten — das war für uns nach unserer Hochzeit unsere erste gemeinsame Station, eine kleine Dachwohnung, eine Zeit voller Unbeschwertheit. Bei unserer Vermieterin, die unter uns wohnte, lernten wir folgendes Rezept kennen, das einfach zu kochen war, lecker schmeckte und uns heute vor allem an unser beschwingtes Lebensgefühl von damals erinnert.

Vaterstettener Kartoffelgemüse

für 4 Personen

8 mittelgroße Kartoffeln	schälen, in mundgerechte Stücke schneiden
450 g Tiefkühlerbsen	in ½ l leicht gesalzenem Wasser garen. Abgießen, aber das Kochwasser auffangen.
2 EL Butter	in einem Topf schmelzen lassen,
2 EL Mehl	unterrühren, 5 Min. auf kleiner Flamme unter Rühren das Mehl „anschwitzen". Gemüsewasser vorsichtig unterrühren und ca. 10 Min. unter gelegentlichem Umrühren leise köcheln lassen.
250 ml Milch	unterrühren, weitere 5 Min. köcheln lassen.
½ Ring (Geflügel-)Fleischwurst	inzwischen klein schneiden.
	Wenn die Kartoffeln gar und abgegossen sind, kommt alles in den größten Topf zusammen: Kartoffeln, Erbsen, Fleischwurst und Soße. Alles durchziehen lassen, bis auch die Fleischwurst warm ist.

Von Familie Gundlach aus Wetter.

„Bitte, Herr, lass deinen Segen
über unsre Teller fegen.“

Nach einer amerikanischen Studie sind diejenigen Familien die stabilsten, in denen nicht nur gemeinsam gegessen, sondern auch noch ein Tischgebet gesprochen wird. Man kann reihum ein freies Gebet sprechen, gemeinsam singen oder auf einen Klassiker zurückgreifen. Manche Familien benutzen einen Gebetswürfel, auf dessen Seiten sechs verschiedene Gebete stehen, so dass man bei jeder Mahlzeit neu auswürfeln kann. Das macht auch kleinen Kindern viel Spaß. Hier ein paar Vorschläge:

Alle guten Gaben, alles, was wir haben,
kommt, o Gott, von dir. Wir danken dir dafür.
Amen.

Jedes Tierlein hat sein Essen.
Jedes Blümlein trinkt von dir.
Hast auch unser nicht vergessen.
Guter Gott, wir danken dir.
Amen.

Für den Fisch auf unserm Tisch
danken wir und beten:
Danke Gott, dass es Fisch gibt
und nicht so viele Gräten.
(Erwin Grosche)

Komm, Herr Jesus, sei du unser Gast,
und segne, was du uns bescheret hast.
Amen.

Aller Augen warten auf dich, o Herr,
und du gibst ihnen Speise zur rechten Zeit.
Du tust deine milde Hand auf
und erfüllst alles, was da lebt, mit Segen.
Amen.
(nach Psalm 145)

Das Brot ist warm und frisch,
das Wasser kühl und klar.
Herr alles Lebens, sei mit uns,
Herr alles Lebens, sei uns nah.
(aus Afrika)

Herr, uns machst du jeden Tag satt.
Mach uns erfinderisch, denen zu helfen,
die heute wieder hungrig bleiben mussten.
Amen.

Vater, segne dieses Essen,
lass uns Neid und Streit vergessen,
gebe uns ein fröhlich Herz.
Segne Herzen du und Hände,
führe du zu gutem Ende
unsre Freude, unsern Schmerz.
Amen.

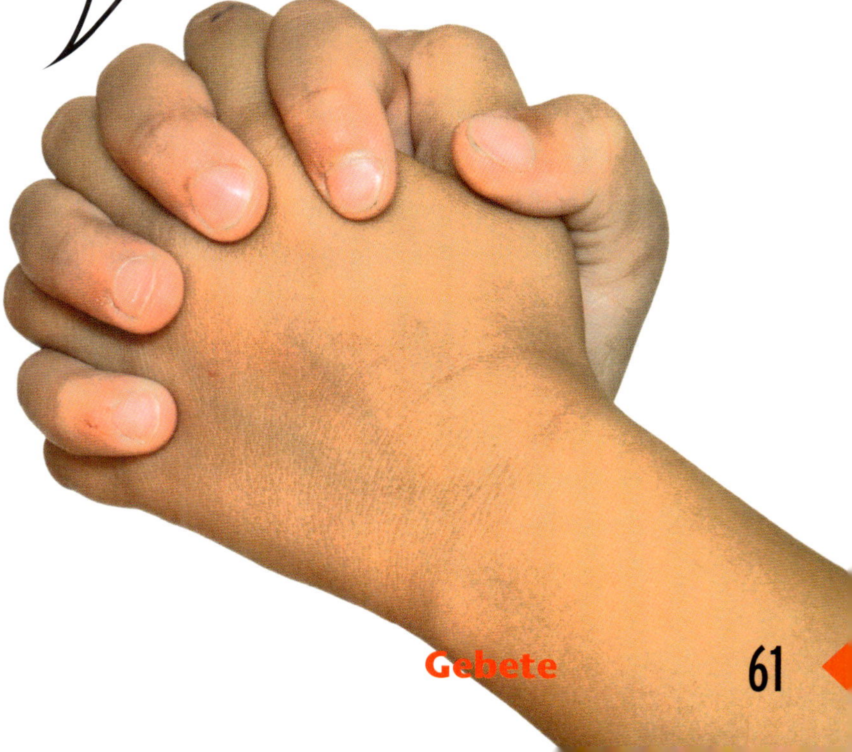

Reis & Getreide

Hirsotto mit Spargel

für 4 Personen

500 g Spargel	waschen, schälen und in 3 cm lange Stücke schneiden, die Köpfe beiseite legen.
3 Frühlingszwiebeln oder	
1 mittelgroße Zwiebel	in feine Ringe schneiden oder würfeln.
60 g Butter	Die Hälfte der Butter in einem Topf aufschäumen lassen, die Zwiebel dazugeben und glasig dünsten.
200 g Hirse	und die Spargelstücke (ohne Köpfe) dazugeben und mit
500 ml Gemüsebrühe	aufgießen. Alles zugedeckt etwa 5 Min. kochen, dann auf der ausgeschalteten Herdplatte noch weitere 10–15 Min. ausquellen lassen.
200 g Blattspinat	verlesen, gründlich waschen und putzen.
	In einem weiteren Topf ca. ¼ l Wasser zum Kochen bringen und darin die Spargelköpfe 2–3 Min. blanchieren, dann herausnehmen und den Spinat im gleichen Wasser 1 Min. blanchieren.
	Spinat und Spargelköpfe zu der gegarten Hirse geben.
1 Bund Schnittlauch	hacken,
100 g Emmentaler	reiben, beides zur Hirse geben,
Salz, weißer Pfeffer, Muskat	abschmecken, die restliche
	Butter unterrühren.
	Evtl. noch etwas Blanchierwasser dazugeben, damit der Hirsotto eine geschmeidige Konsistenz bekommt.

Man kann auch Tiefkühlspinat verwenden!

Von Familie Conder aus Wielenbach.

Schnelle vegetarische Reispfanne

für ca. 5 Personen

1 kleine Zwiebel	würfeln und in
etwas Margarine	anbraten (nach Möglichkeit in einer beschichteten Pfanne, zu der ein Glasdeckel passt),
3 Tassen Reis (Rundkorn)	ungekocht in die Pfanne geben und kurz darin wenden.
6 Tassen Wasser	dazugießen.
2 EL gekörnte Gemüsebrühe	einrühren.
	Das Ganze zugedeckt ca. 20 Min. garen, während dieser Zeit 2- bis 3-mal umrühren; dann noch 10 Min. ohne Deckel (unter Rühren) weitergaren lassen.
Währenddessen	
3 Paprika	
Zucchini nach Geschmack	in Stücke schneiden und in einer zweiten Pfanne unter Zugabe von Margarine
Salz	und Salz garen.
3–4 Eier	Wenn das Gemüse fast weich ist, rührt man noch die Eier unter und lässt sie stocken. Weil es ein Tassenrezept ist, kann man die Menge gut variieren.

Mit frischem Salat servieren. Wer nicht vegetarisch essen möchte, kann sich in der Gemüsepfanne noch Wurst mit anbraten.

Von Familie Günther aus Zschorlau-Albernau.

Tomatenreis mit Hackfleisch und Banane

für 2 Personen

250 g Hackfleisch	in Öl krümelig braun anbraten,
Salz, Pfeffer	würzen.
3 Zwiebeln	in Ringe schneiden,
½ Staudensellerie	in Scheiben schneiden.
100 g Reis	Reis, Zwiebeln und Sellerie zum Hackfleisch geben, andünsten.
4 Knoblauchzehen	zerdrücken, dazugeben,
1 kleine Dose Tomaten	hinzufügen.
1 TL Curry	
2 EL Sojasoße	
etwas gem. Koriander	
Salz	Gewürze dazugeben,
¼ l Brühe (Instant)	zugießen und alles im geschlossenen Topf 15 Min. bei kleiner Hitze garen. Ab und zu Flüssigkeitsmenge überprüfen, ggf. etwas Wasser oder Brühe nachgießen, damit der Reis nicht anbrennt.
1 Banane	in Scheiben schneiden und vorsichtig unterrühren. Variationen: Man kann auch Knollensellerie nehmen, zusätzlich auch anderes klein geschnittenes Gemüse wie Karotten, Zucchini o. a.

Von Familie Jelinski aus Sulzbach-Rosenberg.

Tomaten in Kräuterreis

für 4 Personen

1 Zwiebel	fein hacken, in einer großen
2 EL Speiseöl	Pfanne in Öl andünsten,
250 g Langkornreis	zufügen und unter Rühren durchdünsten lassen.
500 ml heiße Fleischbrühe (Instant)	zugeben, zum Kochen bringen, Hitze herunterschalten, Reis 15 Min. quellen lassen.
2 Mozzarellakugeln	16 flache Stücke abschneiden, zur Seite legen. Den restlichen Käse in Würfel schneiden.
2 Becher Schmand **1 EL Kräuter**	einen Becher Schmand mit den Käsewürfeln unter den Reis heben, mit Salz und Pfeffer abschmecken, Masse glatt streichen.
8 Tomaten	waschen, quer halbieren, Stängelansätze herausschneiden und nebeneinander mit der Wölbung nach unten so in den Reis setzen, dass sie den Pfannenboden berühren.
1 EL Kräuter **Salz, Pfeffer** **1 Zehe Knoblauch**	Den anderen Becher Schmand mit Kräutern verrühren, mit Salz, abschmecken; auf den Tomaten verteilen. Auf jede Tomate ein Stück von dem zurückbehaltenen Mozzarella geben, etwas in die Creme drücken. Das Gericht bei geschlossenem Deckel noch ca. 15 Min. dünsten lassen.

Von Christiane Hermsdorf aus Chemnitz.

Sie merkt dazu an: „Das Rezept ist für vier Erwachsene. Dann muss aber jeder vier Tomatenhälften essen. Bei vielen ‚Versuchsreihen' kamen wir aber auf einen durchschnittlichen Verzehr von drei Hälften pro Person."

Hausmittel für Kinder

Auch bei kleineren Krankheiten helfen Ihnen Produkte aus Ihrer Küche

Brustwickel mit Quark bei Husten und Bronchitis

Windel auf Brustkorbbreite vorfalten, einen Teil aufklappen, Quark (bei Zimmertemperatur) messerrückendick daraufstreichen, Teil wieder zuklappen. Dann um den Brustkorb des Kindes legen, so dass eine Windelschicht zwischen Brustkorb und Quark ist und unten zu ist. (Es geht auch mit einer 10 mal 10 cm großen Kompresse, in die man den Quark hineinstreicht.) Dann ein vorgewärmtes Handtuch darumwickeln. Dauer: über Nacht. Beim Quarkwickel muss der Quark am nächsten Morgen bröselig-trocken und das Handtuch außen feucht bis nass sein. (Keine Angst, Ihr Kind liegt nicht im Nassen).

Zwiebelsäckchen bei Ohrenentzündung

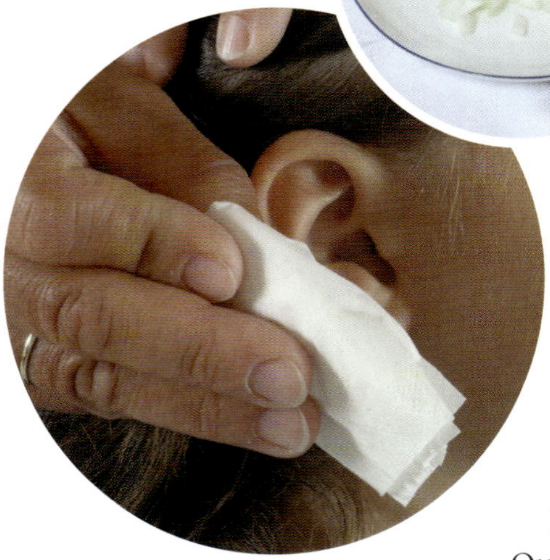

10 cm Schlauchverband von der Rolle abschneiden. Mit einem Bindfaden einseitig zubinden. ½ Zwiebel klein schneiden und in den Schlauchverband füllen. Dann mit einem zweiten Bindfaden verschließen (praktisch sind auch Mullfingerlinge). Das Zwiebelsäckchen über Wasserdampf leicht erwärmen (entweder auf einem umgedrehten Kochtopfdeckel oder im geöffneten Wasserkocher in ein Sieb legen). Das warme Zwiebelsäckchen in ein Taschentuch oder in Heilwolle einwickeln und auf das Ohr legen und mit einer Windel oder einem Baumwoll-Stirnband fixieren. Dauer: 1 Stunde. Der Zwiebelwickel wirkt stark schmerzlindernd – so lässt sich die Zeit bis zum Arztbesuch leichter überbrücken.

Teemischung bei schwerem Husten

10 g Thymian, 10 g Huflattich und 20 g Fenchel (oder Anissamen), 10 g Spitzwegerich, dazu evtl. 10 g ägyptischer Schwarzkümmelsamen und zwei EL getrocknete Holunderbeeren oder Quittenkerne. 1 TL der Teemischung in eine kleine Teekanne geben, mit ¼ l sprudelnd kochenden Wasser übergießen, etwa 10 Minuten ziehen lassen, danach abseihen, mit 1 EL Fichtennadelhonig süßen.

Alle Zutaten gibt es in der Apotheke.

Teemischung bei Blähungen

100 g Fenchelsamen, 15 g Anissamen, 5 g Kümmel, 5 g Korianderkörner – leicht angequetscht –, dazu evtl. 30 g Süßholz. 1 TL der Teemischung in eine kleine Teekanne geben, mit ¼ Liter sprudelnd kochendem Wasser übergießen, etwa 10 Minuten ziehen lassen, danach abseihen.

Insektenstich

Eine Zwiebel halbieren und die offene Seite auf die Einstichstelle reiben.

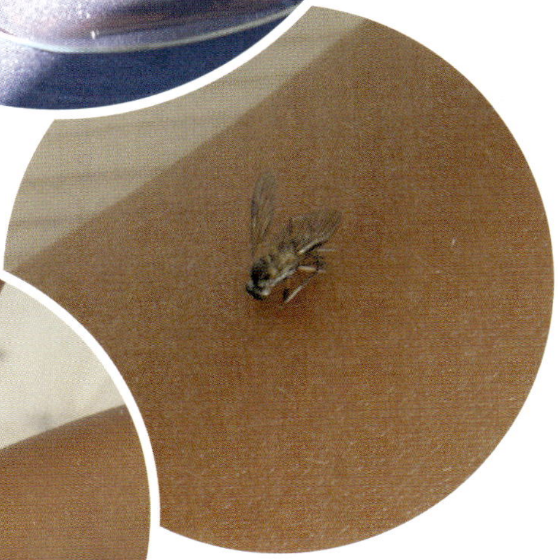

Sonnenbrand

Den Saft einer nach dem Schälen roh geriebenen Kartoffel mit einem Eßlöffel Olivenöl mischen und auf den Sonnenbrand auftragen. Im Notfall kann man auch Kartoffelscheiben auflegen.

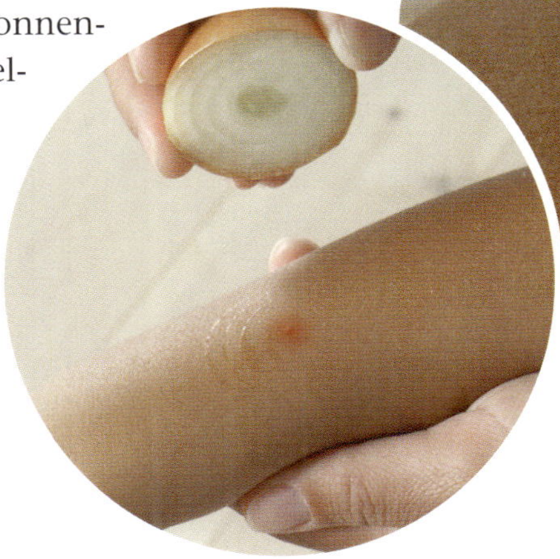

Soufflé-Rolle

4 Personen

2 EL Fett	erhitzen,
2 ½ EL Mehl	dazugeben und kurz dünsten.
400 ml Milch	auf einmal dazugeben und unter Rühren aufkochen.
	Danach Hitze reduzieren und 5 Min. köcheln lassen.
½ TL Salz	Anschließend vom Feuer nehmen,
wenig Muskat und Pfeffer	würzen und leicht auskühlen lassen.
120 g geriebener Käse	
4 Eigelb	Käse und Eigelb einrühren.
4 Eiweiß	
1 Msp. Backpulver	Eiweiß mit Backpulver steif schlagen, sorgfältig unter die Masse ziehen und auf ein Backblech geben.
	Im Backofen ca. 15 Min. bei 180° C backen.
	Soufflé auf ein Küchentuch stürzen.
für die Füllung:	
1 Apfel	schälen und reiben.
300 g Hüttenkäse	
150 g Ricotta	
oder Meerrettich-Cantadou	
1 ½ TL Curry	
½ TL Salz	
wenig Pfeffer	Alle Zutaten für die Füllung zusammenrühren und auf das Soufflé verteilen.
	Anschließend das Soufflé vorsichtig zu einer Rolle rollen.
etwas Margarine	erwärmen,
nach Belieben Salbeiblätter	dazugeben und kurz braten.
2 EL Sbrinz	
(Schweizer Hartkäse)	reiben und ebenfalls dazugeben.
	Das Ganze auf der Soufflé-Rolle verteilen
	und noch etwa 10 Min. im Ofen belassen.

Die Soufflé-Rolle wird mit Salat serviert.

Von Familie Müller aus Eimeldingen.

Pilzpuffer-Gratin

Etwas aufwändig, für Gäste geeignet.

für die Puffer:	
100 g saure Sahne	
1 Prise schw. Pfeffer	
2 TL gehacktes Basilikum	verrühren,
2 Knoblauchzehen	klein würfeln und hinzufügen.
500 g Kartoffeln	schälen, waschen und grob in die Schüssel raspeln, unter die saure Sahne mischen.
200 g Egerlinge oder Champignons	putzen, in dünne Scheiben schneiden, zusammen mit dem
1 TL Salz	Salz und dem
50 g Grünkernschrot	Grünkernschrot nach und nach locker unter die Puffermasse mischen.
2 Eier	Zum Schluss die Eier gründlich unterrühren.
4 EL Öl	Aus der Puffermasse 12 flache Puffer formen und bei mittlerer Hitze von beiden Seiten goldgelb braten.
für das Gratin:	Eine flache Form fetten.
250 g Blattspinat	
3 EL Sahne	Den Spinat mit der Sahne
60 g Parmesan	und der Hälfte vom Parmesan mischen.
500 g Tomaten	in Scheiben schneiden, die Puffer, den Spinat und die Tomaten der Länge nach dachziegelartig in die Form legen. Den restlichen Parmesan über die Spinatstreifen streuen.
150 g Mascarpone	teelöffelweise auf den Spinatstreifen verteilen, dabei jeweils etwas unter die Puffer schieben.
Butterflöckchen	Das Gratin mit Butterflöckchen belegen und im vorgeheizten Backofen (Mitte, Umluft 170° C) 25 Min. gratinieren.

Von Familie Franzreb aus Efringen-Kirchen.

Finnischer Karottenauflauf

für 4 Personen

Dieser eher süßliche Auflauf passt gut zu Wiener Würstchen.

1 kg Karotten	schälen, in Stücke schneiden, in Salzwasser weich kochen. Abgießen und pürieren.
200 g Langkornreis	in Salzwasser gar kochen.
Frisch geriebener Ingwer (nach Geschmack)	
50 ml Melasse	
weißer Pfeffer	mit Reis und Karottenpüree mischen, in eine gefettete Auflaufform füllen, mit Paniermehl bestreuen.
10 g Butter	in Flöckchen darüber verteilen. Mit der Holzkelle oder einer Gabel ein ca. 2 cm tiefes Linienmuster ziehen. Bei 200° C in der Ofenmitte backen, bis eine schöne Kruste entsteht.

Ein altes Familienrezept von der Urgroßmutter von Laura Zaugg aus Nidau.

Gemüse-Hirse-Gratin

für 4 Personen

160 g Hirse	in einem feinen Sieb heiß abspülen und zusammen mit
1 EL Gemüsebrühe	in das kochende Wasser
½ l Wasser	geben.
	Hirse ca. 5 Min. kochen und dann auf der ausgeschalteten Kochplatte 15 Min. quellen lassen.
250 g Zucchini oder Lauch	Das Gemüse waschen, Zucchini halbieren und in dünne Scheiben, Lauch in
1 gelbe Paprikaschote	Ringe schneiden, Paprika würfeln.
2 EL Sonnenblumenöl	Das Gemüse im Öl ca. 10 Min. andünsten,
Kräutersalz, Pfeffer	mit Salz und Pfeffer gut würzen und mit der Hirse vermischen.
200 g Schafskäse	in Scheiben schneiden.
	Auflaufform einfetten und die Hälfte der Gemüse-Hirse-Masse einfüllen. Mit Schafskäse belegen und die restliche Masse darauf verteilen.
200 ml saure Sahne	und
1 Ei	verquirlen, mit Salz und Pfeffer kräftig würzen und über die Hirsemasse streichen.
200 g Tomaten	in Scheiben schneiden, auf die Sahnemasse legen und mit
100 g geriebener Gouda	dem Käse bestreuen.
	Im Backofen bei 200° C ca. 30–40 Min. backen.

Mit dieser Eigenkreation ist es Sigrid Böck gelungen, ihre Familie an die „gesunde Hirse" heranzuführen.

Von Sigrid Böck aus Walzbachtal.

Hackfleischstrudel

für den Teig:	
250 g Mehl	
2 Eier	
2-4 EL Wasser	
Salz	Alle Zutaten vermischen und mit dem Knethaken durchkneten, Teig halbieren und mit Öl bestreichen. In einem Topf Wasser kochen, das Wasser wegschütten und den heißen Topf über den Teig geben. 30 Min. ruhen lassen. Danach ausrollen und ziehen, bis der Teig dünn ist.
für die Füllung:	
2 Zwiebeln	hacken,
1 Paprikaschote	
1 Tomate	
3 Möhren	klein schneiden.
375 g Hackfleisch	Hackfleisch, Zwiebeln und Gemüse
20 g Fett	in dem Fett anbraten
Salz, Pfeffer	und mit Gewürzen abschmecken.
	Füllung auf den Teig geben, an den Seiten einschlagen und aufrollen. Auf ein Backblech legen und mit Öl bestreichen.
	Im Backofen auf unterer Schiene 25–30 Min. bei 200° C backen.

Tipp:
Schneller geht es, wenn man Tiefkühl-Blätterteig oder Yufka-Teigblätter aus dem türkischen Lebensmittelladen verwendet.

Von Familie Moser aus Mainleus.

Grundrezept: Nudel-Hackfleisch-Auflauf mit Käsesoße

400 g Spaghetti	Ca. 3–4 l Wasser mit 3 TL Salz zum Kochen bringen und die Spaghetti hineingeben. Nach Vorschrift gar kochen. Danach abgießen und abschrecken.
400 g Hackfleisch	mit wenig Fett anbraten,
2 große Zwiebeln	klein schneiden und hineingeben, ca. 5 Min. weiterbraten.
1 kleine Dose geschälte Tomaten	etwas zerkleinert mit in die Pfanne geben, gut durchrühren,
1 kleine Dose Champignons	dazugeben.
Salz, Pfeffer	Die Hackfleischmasse mit Salz und Pfeffer abschmecken.
	Spaghetti und Hackfleischmasse in eine gefettete Auflaufform schichten, so dass die letzte Schicht aus Spaghetti besteht.
½ l Milch	
1 Sahneschmelzkäse-Ecke	zusammen kochen, bis der Käse geschmolzen ist.
Muskatnuss	Mit Salz, Pfeffer und Muskatnuss abschmecken.
1 EL Mondamin	mit etwas Milch anrühren und in die kochende Milch gießen. Einkochen lassen. Die angedickte Milch über die Nudel-Hackfleischmasse gießen.
Etwas Paniermehl	darüber streuen.
	Im Backofen bei 180° C ca. 40 Min. backen, bis die Käsesoße hellbraun wird.

Von Ruth und Siegfried Kuske, per E-Mail.

Varianten

Gudrun Klick aus Wiehl verleiht dem Hackfleisch die besondere Note, indem sie es mit Rotwein ablöscht und mit Hilfe von Tomatenmark, Thymian und Petersilie eine würzige Soße herstellt, die mit den Nudeln gemischt wird. In die Auflaufform füllen, 1 Becher Sahne angießen, mit Käse bestreuen – fertig!

Gabriele Höfer aus Plettenberg tut statt Hackfleisch 2 Dosen Tunfisch in ihren Nudelauflauf. Abwechselnd mit dem Fisch werden 500 g Nudeln, 1 Zwiebel in Ringen, eine Soße aus 1 ½ Päckchen passierten Tomaten, Salz, Pfeffer, Thymian, Basilikum, Oregano und 200 g Reibekäse in die Form geschichtet. Bei ca. 170° C für 30 Min. in den Ofen. 10 Min. vor Schluss noch etwas Reibekäse drüberstreuen!

Sigrid Spaniol aus Marpingen verwendet statt des Hackfleischs 500 g Fleischwurst, bereitet die Tomatensoße ohne Pilze, aber mit 1 EL Crème fraîche und reichlich Schnittlauch zu und bestreut das Ganze mit Reibekäse.

Nicole Held aus Gau-Odernheim setzt auf Gemüse: Statt Tomatensoße 2–4 Kohlrabis (je nach Größe, oder auch anderes Gemüse) in Gemüsebrühe garen, 1 Becher Schmand und klein geschnittene Fleischwurst (oder Fleischkäse) zufügen, kräftig abschmecken. Mit den Nudeln mischen. Mittags als Eintopf den Kindern servieren, abends den Rest mit Käse überbacken und dem heimkehrenden Vater vorsetzen. „Das ist dann so viel, dass, wer will, noch mal mitessen kann (und sie wollen!!!)"

Lauchauflauf „Mykonos“

für 4 Personen

350 g Makkaroni	nach Packungsanleitung in reichlich Salzwasser knapp bissfest garen. In ein Sieb abgießen.
600 g Lauch	putzen und gründlich waschen. Die Stangen trocken tupfen und in etwa 1 cm dicke Scheiben schneiden.
75 g Butter	Die Hälfte der Butter in einer Pfanne erhitzen und den Lauch darin bei milder Hitze 5 Min. garen,
Salz, schwarzer Pfeffer	würzen.
	Nudeln in eine große Auflaufform füllen. Restliche Butter goldbraun werden lassen, über die Nudeln träufeln. Lauch darauf geben.
400 g Tomaten	waschen, Stielansätze entfernen, in Scheiben schneiden und dachziegelartig auf den Lauch legen.
1-2 Chilischoten	aufschlitzen, putzen, waschen und fein würfeln.
100 g schwarze, entsteinte Oliven	Chilis und Oliven auf die Tomaten geben.
⅛ l Brühe **1 EL Tomatenmark** **1 TL frische Oreganoblättchen**	verrühren und seitlich in die Form gießen.
2 Eier **100 ml Milch**	verquirlen, würzen und über das Gemüse gießen.
200 g Schafskäse	zerbröckeln und darüber geben. Im vorgeheizten Backofen bei 200° C (Gas 3; Umluft 180° C) 40 Min. backen.

Dazu passen ein Bauernsalat oder eingelegte Chilischoten und Oliven.

Von Barbara Wernicke aus Riehen.

Kartoffel-Apfel-Auflauf

für 6 Personen

800 g Kartoffeln 1600g	schälen,
400 g Äpfel 800g	schälen, vierteln und Kerngehäuse entfernen,
2 Zwiebeln 4 Z	schälen. Kartoffeln, Äpfel und Zwiebeln in Scheiben schneiden,
150 g geriebener Käse 300g **1 Becher Schmand** 2 **Salz, Pfeffer**	vermengen und abwechselnd mit Äpfeln und Kartoffeln in eine Auflaufform schichten. 30 Min. bei ca. 180° C backen.
3 EL entweder Sonnenblumenkerne, Mandelblätter oder Kürbiskerne 6EL	10 Min. vor Schluss die Kerne darüber streuen.

Reste lassen sich gut einfrieren!

Von Familie Behrens aus Burgdorf.

Spinat-Kartoffel-Auflauf

für 4 Personen

600 g Tiefkühlspinat (oder 1 kg frischer)	auftauen lassen (bzw. waschen, säubern).
1 kg Kartoffeln	schälen, in Salzwasser fast gar kochen, in Scheiben schneiden und dachziegelartig in eine Auflaufform schichten.
2 Zwiebeln	würfeln,
1 EL Öl	im Öl andünsten. Spinat zugeben (frischen zusammenfallen lassen),
Salz, Pfeffer, Muskatnuss	abschmecken.
1 zerdrückte Knoblauchzehe	Über die Kartoffeln verteilen.
100 g Reibekäse	darüberstreuen, im vorgeheizten Ofen bei 160° C überbacken, bis der Käse geschmolzen und leicht braun ist.

Von Familie Hahn aus Kressberg.

Bratkartoffelauflauf mit Schnitzel

für 4 Personen

Dazu schmeckt ein frischer Salat am besten. Ein ideales Rezept, wenn man viele Gäste hat, denn es lässt sich auch in größeren Mengen gut vorbereiten.

400 g Kartoffeln	in der Schale kochen, pellen, in Scheiben schneiden (oder Pellkartoffeln vom Vortag verwenden).
300 g Schnitzel in 8 kleinen Stücken	
20 g Butter	Schnitzel in der Pfanne kross anbraten, beiseite stellen.
2 EL Öl	in eine Pfanne geben,
1 Zwiebel, klein gehackt	darin andünsten,
20 g Speckwürfel	mit den Kartoffelscheiben darin anbraten. Mit
Salz, Pfeffer, Majoran, Muskat	kräftig abschmecken. Bratkartoffeln abwechselnd mit den Schnitzeln in eine Form schichten.
1 Becher Crème fraîche	
2 EL Milch	
2 EL gehackte Kräuter	
Salz, Pfeffer	
100 g Reibekäse	verrühren und über den Auflauf geben. Im vorgeheizten Ofen bei 180° C ca. 10 Min. überbacken.

Von Birgit Rudolf aus Bad Mergentheim.

Variante:

Wer die Beilage lieber getrennt isst, dem wird ein Rezept von **Familie Marshall** aus Dietzhölztal schmecken: Für 4 Personen 4 Schnitzel mit Salz, Pfeffer, Paprika würzen, dann panieren und anbraten. Die Schnitzel in eine Auflaufform legen. 4 Zwiebeln in Ringe schneiden und braten, dann über die Schnitzel verteilen. 4 Scheiben Kochschinken in kleine Stücke schneiden und über die Zwiebeln verteilen. 250 ml Sahne mit 1 Becher Crème fraîche verrühren, etwas erwärmen, mit Salz, Pfeffer, gekörnter Brühe, etwas Zucker und Zitronensaft abschmecken und über die Schnitzel geben. Mit Folie bedecken und 24 Std. ziehen lassen. Bei 175° C 1½ Stunden in den Backofen. Dann 1 Dose Champignons und 100 g geraspelten Gouda über die Schnitzel geben und noch ca. 15 Min. nachbacken. Dazu schmecken Spätzle und grüner Salat!

Deftiger Kürbisauflauf

für 4 Personen

1 Zwiebel	
1 Knoblauchzehe	fein hacken,
1 EL Butter	glasig dünsten.
1 kg Kürbis	in grobe Würfel schneiden, zugeben, kurz mit andünsten.
Essig	Dann einen Schuss Essig zugeben
Salz, Pfeffer, Muskatnuss, Zucker, gekörnte Hühnerbrühe	und mit den übrigen Gewürzen abschmecken.
	Zugedeckt 5 Min. bei schwacher Hitze garen.
100 g Salami	
oder gekochten Schinken	unterrühren,
100 ml Sahne	dazugießen.
	Die Masse in eine gefettete Auflaufform füllen.
2 Scheiben Vollkornbrot	in ca. 1 cm große Würfel schneiden,
2 EL Semmelbrösel	mit den Semmelbröseln
150 g geriebener Emmentaler	und dem Käse mischen
	und über die Kürbismasse geben.
	Den Auflauf im vorgeheizten Backofen überbacken, bei 200° C ca. 15 Min.

Von Familie Schellenberger aus Zirndorf.

Sauerkrautauflauf

1 EL Öl	in einem kleinen Topf erhitzen.
200 g Reis	zugeben, gut umrühren.
400 ml Wasser	Den Reis ablöschen, kurz aufkochen lassen. Bei kleiner Hitze den Reis gar werden lassen.
1 kl. Zwiebel	fein schneiden
1 EL Öl	und im Öl anbraten.
750 g Hackfleisch	zugeben, anbraten.
Salz und Pfeffer	Die Hackfleischmasse würzen.
	1 gr. Dose Sauerkraut, Reis und Hackfleisch mischen, lagenweise mit dem Sauerkraut in eine gefettete Auflaufform geben.
	Bei 200° C ca. 30. Min. backen.
1 Becher saure Sahne	10 Min. vor Ende der Backzeit auf dem Auflauf verteilen, dann fertig backen.

Von Familie Waibel aus Wiesloch.

Variante:

Variante von **Barbara Wernicke** aus Riehen: Frischen Weißkohl verwenden, der in Streifen geschnitten, angedünstet und kräftig mit scharfem Paprikapulver abgeschmeckt wird. Abwechselnd mit (Lamm-)Hackfleisch in eine Auflaufform schichten, mit einer Mischung aus 100 ml Fleischbrühe und 4 EL Tomatenmark übergießen, 200 g Schafskäse darüber zerbröckeln. Zum Schluss eine Mischung aus 3 Eiern und 200 ml Milch angießen. Bei 175° C 30 Min. backen.

Pizzas & herzhafte Pies

Pikanter Käsekuchen vom Blech

500 g Mehl **1 TL Salz**	In einer Schüssel Mehl mit Salz mischen und in die Mitte eine Vertiefung drücken.
½ Würfel Frischhefe **¼ l lauwarme Milch** **60 g Butter**	Hefe mit ⅛ l Milch verrühren und zugedeckt 20 Min. gehen lassen. in der restlichen Milch schmelzen, zum Teig geben und glatt verkneten. Solange schlagen, bis er sich vom Schüsselboden löst. Zugedeckt an einem warmen Ort 1 Std. gehen lassen.
1 Würfel Käse	reiben,
200 g Schinken und/oder Gemüse (Möhren, Auberginen ...)	würfeln, Gemüse klein schneiden.
2 Becher Crème fraîche **5 Eier** **Salz, Kräuter**	Käse, Schinken, Gemüse mit den Eiern, der Crème fraîche und den Gewürzen mischen. Teig auf ein Backblech ausrollen, das Käsegemisch auf dem Teig verteilen und 30–40 Min. bei 200° C backen.

Von Familie Moser aus Mainleus.

Mediterraner Gemüsekuchen

für 4 Personen

für den Teig: **250 g Weizenmehl** **100 g Butter oder Margarine** **125 g Magerquark** **1 kräftige Prise Salz** **kaltes Wasser nach Bedarf**	Aus diesen Zutaten einen geschmeidigen Mürbeteig zubereiten, ausrollen und den Boden und den Rand einer Springform damit auslegen.
für die Füllung: **1 große Zwiebel**	in kleine Würfel schneiden und
250 g gehacktes Kalbfleisch	mit dem Hackfleisch
2 EL Olivenöl	in Öl anbraten.
300 g Zucchini	in Scheiben schneiden,
1 Aubergine	in Würfel schneiden,
1 rote Paprikaschote **1 gelbe Paprikaschote**	ebenfalls würfeln und dazugeben,
Salz, Pfeffer	würzen und in 5 – 10 Min. bissfest garen. Die Gemüse-Fleischmischung auf den Teig geben.
für den Guss: **150 g saure Sahne** **2 kleine Eier** **Kräutersalz** **wenig ger. Muskatnuss**	Alle Zutaten für den Guss miteinander verquirlen und über die Gemüse-Fleisch-Mischung gießen. Im vorgeheizten Backofen 25–30 Min. backen,
150 g geriebenen Emmentaler oder Edamer	ca. 10–15 Min. vor Ende der Backzeit über den Kuchen streuen.

Das Weizenmehl kann ganz oder teilweise durch Dinkelvollkornmehl ersetzt werden.

Von Renate Schellenberger aus Zirndorf.

Elsässer Flammkuchen

für 4 Personen

für den Teig:	
250 g Mehl	
20 g Hefe	
1 Prise Zucker	
1 Prise Salz	
⅛ l lauwarmes Wasser	
2 EL Öl	zu einem Hefeteig verarbeiten und 30 Min. gehen lassen.
	Teig nochmals gut durchkneten und auf einem gefetteten Backblech dünn ausrollen.
für den Belag:	
150 g Speck	würfeln, in
2 EL Öl	knusprig ausbraten,
200 g Zwiebeln	in Ringe schneiden,
	Speck mit Schaumkelle herausheben und auf Küchenkrepp abtropfen lassen.
	Zwiebeln im Speckfett glasig andünsten.
300 g Crème fraîche oder Schmand	
100 ml Sahne	verrühren,
Pfeffer, Muskat, Salz	Gewürze unterrühren.
	Speck und Zwiebeln unter diese Mischung geben und die Füllung auf dem ausgerollten Teig verteilen.
	20–25 Min. bei 220° C Umluft backen.

Von Anja Weinmann aus Eschenburg, die immer an ihre badische Heimat denken muss, wenn sie Flammkuchen bäckt.

Variante:

Statt Zwiebeln können rohe, dünn geschnittene Champignons verwendet werden.

Quiche Suprême

für den Mürbeteig:	
200 g Mehl	
90 g Butter	
½ TL Salz	
1 Ei	zu einem Teig verarbeiten, kühl stellen.
	Dann ausrollen, eine Springform damit auslegen und einen Rand hochziehen.
	Ca. 10 Min. bei 180° C (Umluft) vorbacken.
für die Füllung:	
2 Zwiebeln	hacken,
300 g frische Champignons	in Scheiben schneiden.
2 EL Butter	Die Zwiebeln mit den Pilzen in der Butter weich dünsten.
	Auf den Boden geben.
100 g Cheddar oder Emmentaler	reiben,
etwas frische Petersilie	hacken, mit dem Käse darauf streuen.
3 Eier	
100 ml Milch	verquirlen,
Salz, Pfeffer	
gekörnte Gemüsebrühe	kräftig würzen und über die Pilze gießen.
	Bei 180° ca. 20-25 Min. backen.
Maisbällchen oder andere Maischips oder aufgepuffte Weizenchips, z. B.: Crusties	wenige Min. vor Ende der Backzeit darüber verteilen und leicht bräunen.

Von Familie Greiner aus Hildesheim.

Berliner Gemüsekuchen

für ca. 6 Personen

Von Familie Schulz aus Berlin.

für den Teig:	
130 g Mehl	
60 g Quark	
2 EL Milch	
3 EL Öl	
1 kleines Eigelb	
½ TL Backpulver	
1 Prise Salz	Alle Zutaten mit den Händen zu einem Teig verkneten und in eine Springform verteilen, Rand etwas höher drücken.
für die Füllung:	
Variante I	
2 x Schmand	
1 x Crème fraîche	
2 x Porree	klein schneiden,
Kochschinken	klein schneiden.
2 Eier	Alles mischen und über den Teig geben.
Variante II	
2 Eier	
Gemüse	
Fleischwurst	
Crème fraîche	
Kräuterquark	Alles mischen und über den Teig geben. Mit Käse bedecken und backen.

Salzige Schneckennudeln

Zubereitungszeit ca. 30 Min. (ohne Gehzeit)

für den Teig:
750 g Mehl
½ TL Salz
4 EL Öl
60 g Hefe
ca. ⅛ l Milch

Aus den Zutaten einen Hefeteig herstellen, den Teig etwas gehen lassen und dann ca. ½ cm dick ausrollen.

für die Füllung:
200 g Paprika aus dem Glas
2 Zwiebeln
200 g Champignons klein schneiden, unter
750 g Hackfleisch Hackfleisch und
200 g Mettwurst Mettwurst mischen,
2 Eier dazugeben,
Salz, Pfeffer, Paprika würzen.

Die Füllung auf den ausgerollten Teig geben und gleichmäßig verteilen. Teig aufrollen, Scheiben abschneiden, auf das Backblech legen und mit Butter bestreichen. Bei 200° C ca. 25 – 30 Min. backen.

Von Familie Seid aus Freudenstadt-Igelsberg.

Pasta-Pizza

für 4 Personen

Die „Pizza“ lässt sich schnell und einfach vorbereiten, auch schon einige Stunden im Voraus. Ideal, wenn man Gäste erwartet!

500 g Nudeln weich kochen und auf einem gefetteten Blech verteilen.
2 Eier
⅛ l Milch
⅛ l Sahne verquirlen.
1 Knoblauchzehe pressen,
Salz und Pfeffer zusammen mit Salz und Pfeffer in die Eiermasse rühren.
Diese Mischung gleichmäßig über die Nudeln gießen.

für den Belag:
z. B. Pilze, Tunfisch, Mais, Salami ... „Pizza“ anschließend mit Zutaten nach Wahl belegen;
Ketchup zum Schluss ein wenig obendrauf verteilen und mit
150 g Reibekäse geriebenem Käse bestreuen.
Bei 200° C 20 Min. backen.

Von Familie Teubert, zurzeit als Missionare der DMG in Kiew/Ukraine.

Familien-Pizza (mit Quark-Öl-Teig)

für 6 Personen

200 g Quark **1 Ei** **6 EL Öl** **6 EL Milch** **400 g Mehl** **1 Päckchen Backpulver** **2 Pr. Salz** **etwas gemahlenen Knoblauch** **Gewürze nach Belieben**	werden miteinander vermischt und mit den Händen zu einem knetbaren Teig verarbeitet. Diesen Teig drückt man auf ein gefettetes Blech.
Tomaten, Zwiebeln **Salami**	in Scheiben schneiden, auf den Teig legen
Käse (Gouda)	reiben und darüber streuen.
Majoran, Oregano	Kräuter aus dem Garten runden die Pizza geschmacklich ab. Sie werden locker über den Käse verteilt. ½ Stunde bei 200°C backen.

Von Familie Senst aus Berlin, die die meisten brauchbaren Rezepte von befreundeten Großfamilien abguckt und dann für die eigenen Bedürfnisse abwandelt.

Die Werder-Bremen-Pizza

Wenn man zu Dana und Folker Wessling nach Hause kommt, prangt da ein Aufkleber an der Wohnungstür, auf dem Folgendes zu lesen ist: „Mich interessieren nur drei Dinge: Werder, Bremen und Fußball." Darüber hinaus finden sich in der Wohnung Trikots, Jacken, Schals, Kissen usw. – alles in den Farben Grün, Weiß, Orange unseres Bundesliga-Lieblingsvereins Werder Bremen. Dieser Mannschaft gelang in diesem Jahr, was nur wenige vorher schafften: Das „Double", also Deutsche Meisterschaft und Sieger im Pokalfinale. Unsere Begeisterung war schier grenzenlos. Als unser neuer Pastor Martin Plücker, ebenfalls ein großer Werder-Fan, sich zu Besuch bei uns ankündigte, entstand binnen Sekunden die Idee der Werder-Pizza.

Zutaten für den Teig:
375 g Mehl
2 EL Öl
1 EL Zucker
1 TL Salz
¼ l lauwarmes Wasser
1 Päckchen Trockenhefe (für dünnen Teig ½ Päckchen)

Zutaten für den Belag:
1 Dose (400 g) passierte Tomaten gewürzt
300–400 g TK-Blattspinat
250 g TK-Lachsfilet
3 Packg. Mozzarella
Pizzagewürz

Zubereitung:

Die Zutaten mit dem Knethaken zu einem glatten Teig verarbeiten, danach abgedeckt an einem warmen Ort eine halbe Stunde gehen lassen. Den Teig nochmals mit Mehl bestäuben und durchkneten. Dann den Teig x-förmig einritzen, mit Mehl bestäuben und eine weitere halbe Stunde stehen lassen. Backofen auf 200° vorheizen.
Nun wird der Teig ausgerollt und auf ein gefettetes Backblech gelegt.
Die passierten Tomaten auf dem Teig verteilen und mit dem Pizzagewürz bestreuen. Blattspinat und das Lachsfilet lose darauf verteilen und mit Salz & Pfeffer würzen. Den Mozzarella in dünne Scheiben schneiden und je nach Geschmack die Pizza eng oder großzügig damit belegen. Nochmals mit etwas Pizzagewürz bestreuen Das Blech wird nun in den vorgeheizten Backofen geschoben und die Pizza ca. 20 min gebacken.

Regeln am Familientisch

„Die Kinder reden nicht bei Tisch!" Noch unsere Eltern (und selbst manche von uns!) sind mit solchen Tischregeln aufgewachsen. Dahin wollen wir nicht zurück. Aber Chaos und Anarchie bei Tisch ist auch nicht richtig. Folgende Sätze sind in unserer Familie wichtig geworden:

- Der erste Satz am Tisch ist etwas Nettes. Das erstickt manches Motzen schon im Keim.
- Keiner muss alles essen, aber jeder soll alles probieren. Danach darf man dann aber auch sagen: „Ich möchte nicht mehr davon!"
- Themen, in denen erheblicher Konfliktstoff steckt, bereden wir nicht bei Tisch.
- Wir reden nicht mit vollem Mund und lassen den anderen ausreden. Hier sind Eltern als Vorbilder gefragt, was gar nicht immer leicht ist! Insgesamt ist uns wichtig, dass die Kinder die gemeinsame Mahlzeit nicht nur als „Futter" sehen, sondern sie auch als Ort des Erzählens und Austauschens verstehen. Es gibt allerdings Gerichte, die sich dafür nicht eignen und volle Konzentration erfordern.
- Jeder isst, bis er satt ist. Keiner muss seinen Teller leer essen. Aber wer häufig Reste übrig lässt, sollte sich in Zukunft weniger auftun (lassen).
- Umstritten ist die Regel: Alle bleiben sitzen, bis der letzte fertig ist. Vielleicht klappt das mit größeren Kindern. Bei uns (drei Kinder zwischen neun und zwei) ist es Illusion und schafft zusätzlichen Stress. Stattdessen gilt bei uns: Du darfst aufstehen, wenn mindestens die Hälfte der Anwesenden ihr Essen beendet hat.
- Wir fangen gemeinsam an, meist mit einem Lied oder einem Tischgebet, und würdigen die Arbeit dessen, der das Essen vorbereitet hat. (Nicht immer, aber immer öfter …)
- Alle Regeln dürfen mal außer Kraft gesetzt werden. Aber die Eltern machen Anfang und Ende des „regelfreien Raumes" deutlich. Das klappt bei manchen Kindern. Andere tun sich mit Ausnahmen sehr schwer, und es dauert Tage, um den Normalzustand wieder einzuführen. Manchmal folgt der kurzen Freude ein langer Schatten …

Anja und Martin Gundlach

Pfannekuchen

Je nach Geschmack mit Wurst oder Käse (die kurz mitgebraten werden können), Marmelade oder Nutella belegen, zusammenrollen.

Tipp von Achenbachs: „Ladet doch mal Gäste zum Pfannekuchenessen ein. Mit einer so großen Anzahl von Beilagen ist bestimmt für jeden etwas dabei."

500 g Mehl	
6 Eier	
½ TL Salz	
600 ml Milch	Mehl, Eier, Salz und etwas Milch mit dem Mixer zu einem festen Teig mischen. Dann die restliche Milch dazugeben.
2 TL Öl	in einer (antihaftbeschichteten!) Pfanne erhitzen. Eine Schöpfkelle Teig zugeben, schwenken, damit er sich über den Pfannenboden verteilt. Kurz backen, dann wenden. Vor jedem weiteren Pfannekuchen 1 TL Öl in die Pfanne geben. Fertige Pfannekuchen bei 50 Grad im Ofen warm halten.

Von Therese Achenbach aus Haiger-Steinbach, die das Rezept von ihrer Mutter hat und als Kind am liebsten Pfannekuchen mit Marmelade aß. Die Kinder der Familie lieben ihre Pfannekuchen mit Nutella, auf die man auch noch Mandeln streuen kann. Als Nachspeise werden die Pfannekuchen mit Zimt und Zucker oder Eis serviert. Außerdem möglich: Schinken, Käse, Champignons, Zwiebeln, Obstsalat und und und …

Haferburger

je nach Größe 15–20 Stück

Dazu schmeckt am besten frischer Kräuterquark.

200 g grobe Haferflocken	mit der
100–150 ml Milch	Milch und der
20 g flüssige Butter	Butter übergießen und 15 Min. quellen lassen.
200 g Möhren	raspeln,
150 g Gouda	reiben,
1 Zwiebel	reiben und zu den Haferflocken geben.
2 Eier	unterrühren.
Frische Petersilie	
evtl. Schnittlauch	
Kräutersalz	
Gemüsebrühe	hinzufügen, würzen und gut durchmengen. Dann mit einem Esslöffel kleine Häufchen in die Pfanne setzen und in heißem Öl wie Puffer schön kross braten.

Von Familie Schnell aus Extertal.

Varianten

von **Familie Schwarz** aus Deiningen: **Dinkelbratlinge**
2 klein geschnittene Zwiebeln in Öl andünsten, 150 g grob geschroteten Dinkel zufügen, unter Rühren bräunen. Mit Wasser ablöschen, einmal aufkochen, würzen, zur Seite stellen, abkühlen lassen. 100 g Gouda reiben, unter den Dinkelteig kneten, nochmals gut abschmecken, flache Bratlinge formen und in der Pfanne auf jeder Seite ca. 3–4 Min. anbraten. In den Teig können auch Sonnenblumenkerne oder gehackte Nüsse und frische Kräuter. Auch kalt sehr gut!

Familie Moser aus Mainleus bereitet **Käsesteaks** zu: ½ l Wasser mit Salz und fein geschnittenem Suppengrün aufsetzen, beim Kochen Grieß einstreuen, 2 Min. köcheln lassen.
Nach dem Abkühlen 200 g geriebenen Gouda einarbeiten, mit feuchten Händen flache Küchlein formen. In Semmelbröseln wälzen und in heißem Fett ausbacken. Ergibt 10 Stück.

Pancake – japanisch

⅛ l Milch	
150 g Mehl	
2 Eier	
1 Prise Salz	
1 Prise weißer Pfeffer	
1 Becher Mais	vermischen.
Weißkohl in Streifen	dazugeben.
	Pancakes in heißem Fett braten wie Eierkuchen.

Von Christine Lehmann-Hünlich aus Dresden.

Apfelküchlein

Apfelmus oder -kompott dazu reichen. Und vorher ein herzhaftes Süppchen!

3 Eier	Die Eier trennen, Eigelb
250 g Mehl	verrühren, Mehl mit Salz
1 Tasse Milch	und Milch langsam zugeben
1 Prise Salz	und alles zu einem glatten Teig verrühren.
500 g Äpfel	schälen, entkernen und grob raspeln.
	Äpfel in den Teig geben und gut verrühren, Eischnee unterheben. In einer großen beschichteten Pfanne Fett zerlassen und kleine Küchlein backen, im Ofen warm halten. Am Tisch oder vorher
Zucker und Zimt	mit Zucker und Zimt bestreuen.

Ein Klassiker aus Kindertagen von Sylke Becker aus Nümbrecht, der die Apfelküchlein heute immer noch genauso gut schmecken wie damals.

Großer Hans

für 3–4 Personen ...

... als süßes Hauptgericht oder für viele mehr als Nachtisch.

½ l Milch	aufkochen,
250 g Grieß	unter Rühren zugeben, kurz kochen lassen, dann abkühlen lassen.
ca. 125 g Margarine	
75 g Zucker	
2 Eier	
1 Prise Salz	verrühren.
	Diese Masse mit dem festen Grießbrei verrühren und
125 g Rosinen	
50 g Haferflocken	unterrühren.
	Den Teig in zwei verschließbare, gefettete Puddingformen füllen und im Wasserbad ca. 70 Min. kochen. Anschließend heiß auf Teller stürzen und sofort servieren. Dazu isst man eingemachtes rotes Obst, z. B. Pflaumen, Kirschen etc.

Varianten:

Wer keine Rosinen mag, nimmt geraspelte Schokolade (oder Gummibärchen!). Besitzt man keine Puddingform, kann man den Teig zu Bratlingen formen und in heißer Margarine in der Pfanne braten (nicht mit Schokolade oder Gummibärchen!). Anschließend mit Zucker und Zimt bestreuen.

Von Maren Meys aus Daaden.

Das Foto zeigt Maren Meys mit Ehemann Sebastian, der ein wertvolles Hochzeitsgeschenk trägt: eine Schürze! Maren Meys hat dieses Rezept als wichtiges Traditionsgut mit in die Ehe gebracht und wird es bald auch einem kleinen Hans (oder einer Grete?) servieren.

Pflaumenknödel

1 kg gekochte Kartoffeln	durch die Kartoffelpresse drücken, mit
60 g Margarine	
1 Ei	
Salz	
250 g Mehl	zu einem Teig verkneten.
	Ca. ½ cm stark ausrollen und in 10 cm große Vierecke schneiden.
ca. 20 Pflaumen	
ca. 20 Stück Würfelzucker	Pflaumen mit Würfelzucker füllen und in jedes Stück Teig eine Pflaume legen, zusammenwickeln und Ränder gut andrücken.
	In kochendem Salzwasser Knödel 8 Min. langsam kochen und 4 Min. ziehen lassen.
etwas braune Butter	
Zimt und Zucker	Mit brauner Butter, Zucker und Zimt überstreut servieren.

Von Familie Moser aus Mainleus.

Ist mein Kind zu dick?

Übergewicht bei Kindern kann schwere Folgen haben.

Von Ernährungsberaterin und family-Autorin Elvira Martin

In den vergangenen zehn Jahren soll sich die Zahl übergewichtiger Kinder verdoppelt haben. Von den Schulanfängern sind es bereits 23 Prozent.

Wann ist ein Kind eigentlich zu dick?

Einem Kind sieht man es in der Regel an, wenn es zu viele Pfunde mit sich herumschleppt. Die Eltern bemerken das zwar nicht immer, dafür aber andere Kinder, die dann wenig einfühlsam darauf aufmerksam machen.

Bei den Vorsorgeuntersuchungen kann der Kinderarzt auf ein problematisches Gewicht hinweisen. Regelmäßige Vorsorgeuntersuchungen gibt es aber nur bis zum Schuleintritt, und gerade in der Zeit danach manifestiert sich meistens das Übergewicht. Wenn Sie sich im Zweifel sind, ob Ihr Kind zu viel auf die Waage bringt, sprechen Sie mit Ihrem Kinderarzt.

Zu dick – und nun?

Wenn das Kind eindeutig zu dick ist, gilt es nicht abzuwarten, ob sich der Babyspeck möglicherweise noch „verwächst“. Je eher und je ausgeprägter ein Kind ein Pummelchen ist, desto höher ist die Wahrscheinlichkeit, dass das Übergewicht bleibt und sich bis ins Erwachsenenalter hinein fortsetzt. Das bedeutet: So früh wie möglich eingreifen, denn dann sind die Chancen, den Trend umzukehren, viel höher. Neben den gesundheitlichen Folgen von Übergewicht wie Bluthochdruck, Diabetes und Fettstoffwechselstörungen sind für das Kind die psychosozialen Probleme von Bedeutung. Dicke Kinder werden oft gehänselt und verspottet. Sie sind unbeweglicher und daher nicht so begehrte Partner bei Spiel und Sport; sie werden oft gemieden und ausgegrenzt. Derartiger seelischer Druck führt zu Vereinsamung, und die ist wiederum eine Ursache für vermehrtes Essen und damit weitere Pfunde. Ein wahrer Teufelskreis.

Wie sag ich's meinem Kinde?

Frühestens mit der Einschulung ist ein Kind so weit, dass man mit ihm über sein Übergewicht reden kann, – und das sollte man auch tun. Kinder verstehen das Problem dann schon recht gut, denn wahrscheinlich sind sie von anderen Kindern auch schon verspottet worden.

Vorsichtige Gespräche mit dem Kind sind notwendig. Sie dürfen keine Anklagen (Du isst zuviel!) oder Drohungen (Ab morgen gibt es keine Süßigkeiten mehr!) beinhalten. Man sollte dem Kind das Gefühl vermitteln, dass man ihm helfen möcht, mit ihm gemeinsam überlegen, was man ändern kann, und gemeinsam Ziele festlegen. Dabei sind Ziele anzustreben, die auch erreichbar sind, wie z. B. „bei Süßhunger erst mal einen Apfel essen“ und nicht „nie mehr Schokolade“. Unrealistische Ziele können nicht erreicht werden und erzeugen das Gefühl des Versagens.

Wo finden wir Hilfe?

Bei einem Kind mit nur mäßigem Übergewicht reicht es aus, Maßnahmen zu ergreifen, die das Gewicht konstant halten, weil das Kind ja noch wächst. Bei Kindern entspricht das Konstanthalten des Gewichtes über einen Zeitraum von mindestens einem Jahr einer Gewichtsreduktion von 8–12 kg im Erwachsenenalter.

Ist das Übergewicht aber ausgeprägter, dann hilft ein Trainingsprogramm zur Gewichtsreduktion. In Deutschland werden verschiedene ambulante Gewichtsreduktionsprogramme angeboten. Inwieweit die Kosten für diese Programme von der Krankenversicherung getragen werden, hängt von der jeweiligen Krankenkasse ab und ist sogar von Ort zu Ort unterschiedlich. Manche Kassen wie die AOK bieten eigene Programme an. Über die verschiedenen Anbieter weiß der Kinderarzt Bescheid.

Neben Ernährungsberatung, Kochschule, Verhaltenstraining gibt es mehrmals pro Woche Sport. Alles in Einzel- oder Gruppensitzungen, mit und ohne Eltern. Ein solches ambulantes Programm dauert zwischen mehreren Monaten und zwei Jahren. Kuren und stationäre Programme sind wesentlich kürzer und eher als Anschub für extrem übergewichtige Kinder gedacht. Die ambulanten Programme beziehen die Familie zur Unterstützung mit ein und sind daher langfristig wirkungsvoller.

Von den Kindern werden die Angebote zur Gewichtsreduktion begeistert angenommen. Sie freuen sich auf die Aktivitäten – sogar auf den Sport, weil sie da unter ihresgleichen sind, nicht gehänselt werden und ähnlich leistungsstark sind. Durch das Gelernte werden sie selbstbewusster, übernehmen Verantwortung für ihren Körper und ihre Ernährung und sind am Ende nicht nur leichter, sondern auch glücklicher und zufriedener.

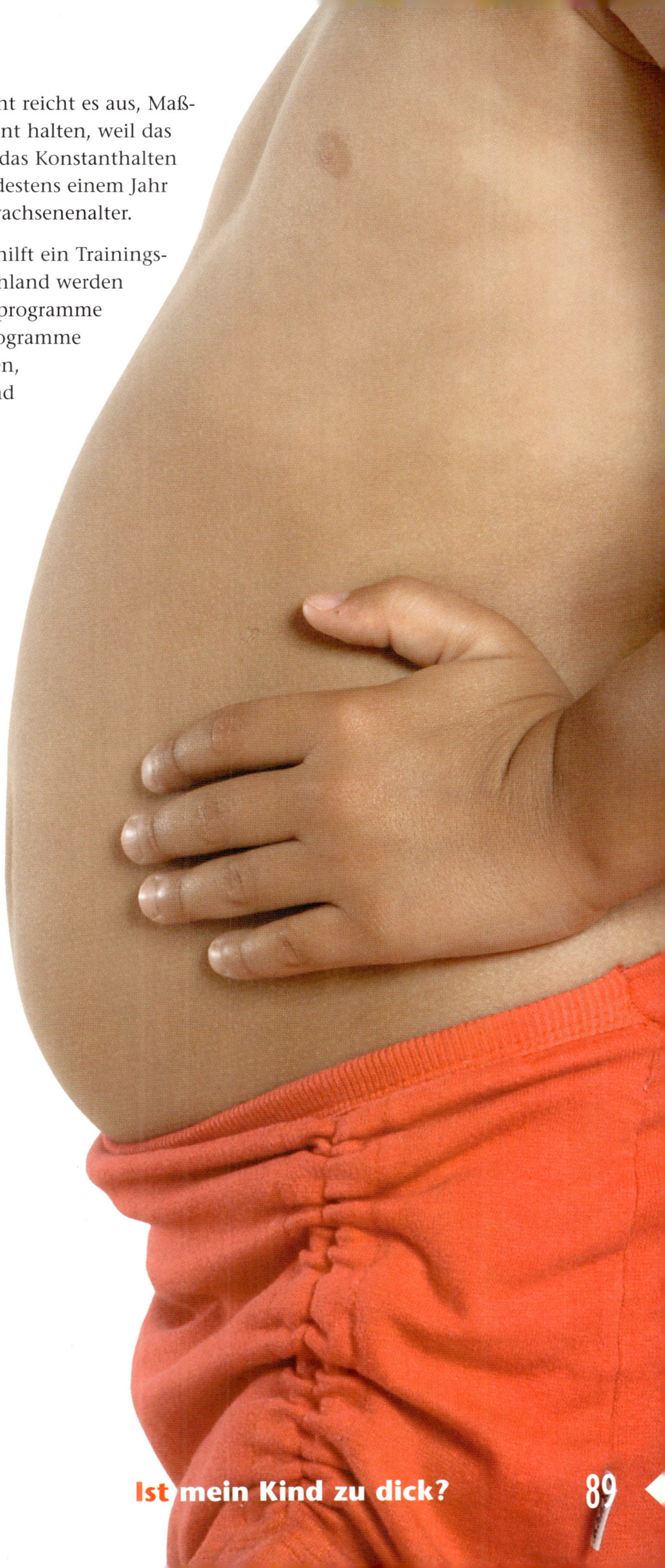

Desserts

Tiramisu ohne Ei und Alkohol

für 4-6 Personen

250 g Mascarpone	
250 g Magerquark	
100 g Zucker	
evtl. 1 EL Milch	mit einem Schneebesen zu einer cremigen Masse verrühren.
300 g Löffelbiskuits	von beiden Seiten kurz
2-3 Tassen starker Kaffee	in den erkalteten Kaffee tauchen
(koffeinfreier geht auch)	und die Auflaufform damit auslegen.
	Die Hälfte der Creme über die Biskuits verteilen.
	Eine weitere Schicht Biskuits und eine weitere Schicht Creme einfüllen.
	Tiramisu kalt stellen (am besten über Nacht),
Kakaopulver	vor dem Servieren mit Kakaopulver bestreuen.

Die Biskuits nur ganz kurz in den Kaffee tauchen, am besten in einem Suppenteller.

Von Ute Achenbach aus Biedenkopf.

Varianten:

Fettarm:

Iris Hettinger aus Ingelfingen verwendet überhaupt keinen Mascarpone. Die Crememasse besteht bei ihr aus 500 g Magerquark, 120-150 g Zucker, Butter-Vanille-Aroma, alles mit etwas Milch glatt gerührt, und 250 ml steifer Schlagsahne. Der Kaffee kann mit Weinbrand gemischt, aber auch durch Orangensaft ersetzt werden.

Kirsch-Tiramisu:

Nicole Hägerbäumer aus Merzenich bereitet die Creme aus 300 ml steif geschlagener Sahne, 1 Tasse gesiebtem Puderzucker, 200 g Frischkäse und etwas Zitronensaft zu. Abwechselnd mit Creme und Löffelbiskuits wird Kirschgrütze in die Form gefüllt.

Trauben-Creme:

250 g Mascarpone, 250 g Magerquark, 5-6 EL Milch, 2 EL Zucker und 2 Päckchen Vanillezucker mischen. 2 Eiweiß werden mit 1-2 EL Zucker steif geschlagen und unter die Quarkmasse gemischt. Mit Zitronensaft und evt. -schale abschmecken. Abwechselnd mit ca. 375 g kernlosen Weintrauben und 80 g Amarettikeksen in eine Form schichten. Von **Familie Marshall** aus Dietzhölztal.

Amaretto-Quarkcreme:

500 g Magerquark mit 100 g Zucker, 2 Päckchen Vanillezucker, Zitronensaft und 2 Bechern steif geschlagener Sahne anrühren. Eine Auflaufform mit Löffelbiskuits auslegen, mit Amaretto (oder einem Amaretto-Kaffee-Gemisch) beträufeln. Quarkcreme darüber verteilen, kalt stellen. Von **Ulla Quack** aus Gießen.

Schwarzwaldbecher

für 10-12 Personen

2 kg Magerquark	
250 ml süße Sahne	
Milch oder Mineralwasser	
etwas Zucker	
Vanillezucker nach Belieben	verrühren, bis der Quark eine sämige Konsistenz hat.
2 Glas Sauerkirschen	gut abtropfen lassen,
200 g Zartbitterschokolade	in kleine Stücke hacken.
	Anschließend die Zutaten schichtweise in eine Schüssel geben: Quarkcreme, Sauerkirschen, gehackte Schokolade, abwechselnd so einschichten, bis die Zutaten aufgebraucht sind, mit gehackter Schokolade abschließen.

Von Gabriele Höfer aus Plettenberg.

Sie schreibt über die Beliebtheit dieses Rezepts: „Der Schwarzwaldbecher ist der Gemeindefest-Nachtisch schlechthin. Ich überlege mir mittlerweile eine andere Gaumenfreude, da es schon mal passiert ist, dass von zehn vorhandenen Desserts sechs Schwarzwaldbecher waren."

Anmerkung der Redaktion: Plettenberg liegt nicht im Schwarzwald, sondern im Sauerland.

Bratäpfel

für 4 Personen

4 große Äpfel (am besten Boskop)	gut waschen, das Kerngehäuse ausstechen und Äpfel in eine Auflaufform stellen.
200 g gemahlene Haselnüsse oder Mandeln	in einer Schüssel mit der
225 g Himbeermarmelade	Marmelade und der
250 g Crème fraîche	Crème fraîche verrühren
Zucker	und nach Belieben noch mit Zucker süßen.
20 g kalte Butter	Die Äpfel mit der Creme füllen und die Butter in Flöckchen darauf verteilen.
	Das Ganze im Backofen bei 200° C für etwa 20-30 Min. backen, bis die Äpfel gar sind.

Von Claudia Totz aus Neutraubling.

Lebkuchenmousse

für 8 Portionen

4 Blatt weiße Gelatine	einweichen,
3 Lebkuchen, etwa 85 g	zerkleinern,
2 Eier	
2 Eigelb	
3 EL flüssiger Honig	
evtl. 3 EL Kakaolikör	über Wasserdampf schaumig schlagen (muss heiß sein, ca. 70°), Gelatine unterrühren, auflösen. Creme im Eiswasser abkühlen, bis sie zu gelieren beginnt. Dann Lebkuchen und
60 g Zartbitter-Raspelschokolade	unterrühren.
2 Becher Sahne	steif schlagen, unterheben. In Gläser füllen, 3 Std. kalt stellen. Dazu: Preiselbeerkompott.

Von Maria Schmudde aus Meldorf.

Schoko-Minz-Mousse

für 4 Personen

100 g Schoko-Minz-Täfelchen	in eine Schüssel geben und im Wasserbad bei schwacher Hitze schmelzen lassen.
1 EL Weinbrand	unterrühren.
150 ml Sahne	Die gut gekühlte Sahne in eine hohe Rührschüssel geben und mit dem Handrührgerät steif schlagen. Crème double ebenfalls luftig aufschlagen.
150 ml Crème double	Beides unter die etwas abgekühlte Schoko-Mint-Masse heben. Die Creme in Schälchen füllen und für ca. 60 Min. in den Kühlschrank stellen.
8 Schoko-Minz-Täfelchen	Zum Garnieren die 8 Minze-Täfelchen in kleine Stücke brechen oder diagonal teilen. Vor dem Servieren die Creme damit verzieren.

Von Maria Schmudde aus Meldorf.

Tipps:

- Die Mousse wird kalorienärmer, wenn man die Crème double durch Magerquark ersetzt.
- Anstelle von Weinbrand kann man auch Orangensaft nehmen.

Mousse au chocolat

für 4 Personen

250 g Schokolade	
4 EL Sahne	Schokolade mit Sahne im Wasserbad schmelzen und dann vom Herd nehmen.
4 Eigelb	unterrühren,
50 g Zucker	
4 Eiweiß	in einer Schüssel steif schlagen und unter die Schokomasse heben. Alles sollte eine einheitliche Masse ergeben. Die Mousse wird nun für 2 Std. kalt gestellt.
evtl. 100 ml Sahne	Besonders hübsch sieht es aus, wenn die Mousse vor dem Servieren mit Schlagsahne verziert wird.

Von Anja Teubert aus Kiew.

Dickmilch-Nachtisch

500 ml Dickmilch **etwas Zucker**	Dickmilch in eine Schüssel geben und mit Zucker verrühren.
2 Äpfel	schälen, reiben und unterheben.
2 Becher Sahne **2 Päckchen Vanillezucker** **etwas Zimt**	Sahne mit Vanillezucker schlagen, über der Dickmilchmasse verteilen und Zimt darüber streuen.

Von Gudrun Klick aus Wiehl.

Orangencreme

für 4 Personen

Einfache Zubereitung, variantenreich, kann gut vorbereitet werden.

Ruth Küstner stellt diese Creme meist gleich aus 2 l Orangensaft her …

Grundmasse: **300 ml Orangensaft** **evtl. ½ abgeriebene Zitronenschale** **75 g Zucker** **2 EL Speiseöl**	mischen, unter ständigem Rühren aufkochen. Auskühlen lassen.
Variante 1: **180 g saure Sahne** **150-200 ml süße Sahne**	1 EL für die Garnitur zurückbehalten, den Rest unter die Creme mischen. steif schlagen, darunter ziehen.
Variante 2: **1 kl. Naturjoghurt** **150-200 ml Sahne**	Zubereitung wie oben.
Variante 3: **ca. 150 g Magerquark** **150-200 ml Sahne**	Zubereitung wie oben.
	Kühl stellen.

Von Ruth Küstner aus Flawil

Apfelmousse

1 Päckchen Vanillepuddingpulver **Apfelsaft**	Vanillepudding nach Anweisung kochen, statt Milch Apfelsaft verwenden.

Von Dorothea Dietz aus Kirchhundem.

Barbara Jelinski aus Sulzbach-Rosenberg bereitet diesen Nachtisch mit Kirschsaft zu und macht ihn cremiger, indem sie einen Becher geschlagene Sahne in den erkalteten Pudding rührt. Auch andere Saftreste lassen sich auf diese Weise verwenden!

Karamellisierte Birne

Birnen	schälen, halbieren, entkernen,
Butter	in eine gebutterte Form füllen,
Zucker	auf jede Hälfte etwas Butter geben und das Ganze mit Zucker bestreuen.
	Im Ofen ca. 30 Min. bei 200° C garen. Wenn der Zucker braun wird,
1 Becher Sahne	die Sahne untermischen und noch mal 5 Min. in den Ofen.

Von Dorothea Dietz aus Kirchhundem.

Zarengelee

2 Päckchen gemahlene Gelatine	
150-200 ml roter Traubensaft	Gelatine in dem Traubensaft mindestens 10 Min. aufquellen lassen.
500 ml roter Traubensaft	
250 ml Rotwein	
100 g Zucker	Saft, Wein und Zucker aufkochen, damit der Zucker sich auflöst.
Saft einer Zitrone	dazugeben. Einige Minuten abkühlen lassen und dann die gequollene Gelatine durch Unterrühren darin auflösen. In eine Glasschüssel füllen und über Nacht kühl stellen.
Für die Eierlikör-Soße:	
500 ml Milch	
4 EL Zucker	
3/4 Päckchen Vanillepuddingpulver	aufkochen. Nach Geschmack mit einem ordentlichen Schuss
Eierlikör	abschmecken. In einem Krug kühl stellen und zum Rotweinwackelpudding servieren. Alternative für Kinder und Antialkoholiker: wie oben, nur den Rotwein durch Traubensaft ersetzen. Für die Vanillesoße: wie oben, aber mit etwas weniger Puddingpulver und ohne Eierlikör.

Dieses Rezept ist eine gute Alternative zum gekauften Wackelpudding: natürliche Zutaten statt Farb- und Aromastoffe!

Von Nicole Held aus Gau-Odernheim.

Punsch

Auch für Kinder geeignet.

2 Orangen	auspressen,
2 Zitronen	auspressen.
¼ l Wasser	
¾ l Traubensaft	
¾ l Apfelsaft	
5 Nelken	
2 Zimtstangen	Alles zusammen in einem Topf erwärmen
etwas Honig	und mit Honig süßen.
	Das ergibt ca. 15 Gläser – voller Vitamine!

Von Familie Egbers aus Osterwald.

Gebrannte Mandeln

100 ml Wasser	
200 g Zucker	
1 TL Vanillezucker	aufkochen, bis die Masse Blasen wirft.
200 g geschälte Mandeln	zugeben, auf mittlerer Stufe unter ständigem Rühren kochen, bis sich der Zucker um die Mandeln legt. Weiterrühren, bis die Mandeln glänzen, dann auf ein eingefettetes (oder mit Backpapier ausgelegtes) Blech geben, etwas verteilen und auskühlen lassen. Gelingt sicher!

Von Ruth Küstner aus Flawil.

Mikrowellen-Version:

200 g Mandeln oder Nüsse, 5 EL Zimtzucker, 5 EL Wasser in eine Mikrowellenschüssel mit Deckel geben und kurz durchrühren. Bei ca. 600 Watt mit Deckel 5 Min. garen, kurz durchrühren. Weitergaren, bis die Mandeln braun werden, sofort aus der Mikrowelle nehmen und mit dem Rührlöffel rühren, bis die Mandeln erkalten und nicht mehr kleben (das dauert nicht lange). Von **Familie Schürger** aus Feuchtwangen.

Gehobelte Äpfel

Falläpfel in beliebiger Menge	waschen, nicht schälen (die Schale bemerkt man später nicht mehr), faulige Stellen ausschneiden, Kernhaus, Stiel und Blüte entfernen.
	Äpfel mit der Küchenmaschine wie Gurken hobeln, ganz fest in Einmachgläser „stopfen". Kein Wasser und keinen Zucker zugeben! Bei 90°C 30 Min. einkochen.
	Auch bei späterer Verwendung muss kein Zucker zugegeben werden.

Von Susanne Schürger aus Feuchtwangen.

Für alle, die einen Apfelbaum im Garten haben. Sie schreibt: „Große Mengen Fallobst sind im Nu verarbeitet und später optimal zu Kuchen, Apfelstrudel, Aufläufen o.Ä. zu verwenden."

Buchtipps

Wenn Sie in Ihrer Familie auf bewusste und gesunde Ernährung achten wollen, dann empfehlen wir Ihnen folgende Bücher:

Petra Thorbrietz:

Kursbuch gesunde Kinderernährung. So schützen Sie Ihr Kind

Ein paar wenige Rezepte, vor allem aber brauchbare und gute Informationen zur Ernährung von großen und kleinen Kindern. Antworten auf alle Fragen zum Essen und Trinken, Nährstofftabellen – und das alles gut zu lesen, mit vielen Illustrationen und Bildern aufgelockert. Ein Klassiker für alle, die sich Gedanken um ihre Ernährung machen.

Das Buch erschien 2002 im Verlag Zabert/Sandmann und kostet € 24,80.

Monika Arndt:

Das Kinder-Kochbuch. Gesundes Essen, das schmeckt

Hier finden Mütter und Väter viele kleine Tipps, wie sie ihre Kinder zum (richtigen) Essen bringen. Neben vielen Rezepten findet sich eine ganze Reihe an Informationen: Wie kann ich den Geschmack meiner Kinder erziehen? Welche Gemüsesorten sind eigentlich besonders wertvoll für Kinder? Und: Was mache ich wenn mein Kind keine Milchprodukte mag? Und vieles mehr ...

Das Buch erschien 2003 bei dtv und kostet € 9,50.

Das **Forschungsinstitut für Kinderernährung** in Dortmund gehört zur Deutschen Gesellschaft für Ernährung und veröffentlicht kleine Hefte mit kinderärztlich erprobten Empfehlungen. So gibt es eine Handreichung „Empfehlungen für die Ernährung von Säuglingen" (1993), ein anderes Heft mit „Empfehlungen für die Ernährung von Teens und Twens: Mahlzeit!!!" (1993), aber auch andere Publikationen, die sich mit gesunder Ernährung für behinderte Kinder oder Allergiker beschäftigen. Erhältlich sind die sehr hilfreichen Hefte gegen Zahlung einer Schutzgebühr bei der Deutschen Gesellschaft für Ernährung (DGE), Im Vogelsgesang 40, 60488 Frankfurt am Main, Tel. 069/97 68 03-20.

Auch die Verbraucherzentralen bieten gute, allgemeinverständliche und nett aufgemachte Ratgeber zur Kinderernährung mit vielen Rezepten:

Angelika Walter: **Bärenstarke Kinderkost.** *8. Auflage 2004, € 5,80.*

Iris Schürmann-Mock: **Mahlzeit, Kinder!** Ernährungstipps für eilige Eltern.
2. Auflage 2003, € 5,80.

Auch im Internet gibt es viele Kochseiten, mit deren Hilfe sich der Speiseplan aufpeppen lässt. So finden sich unter **www.blinde-kuh.de** Rezepte von Kindern für Kinder; **www.naturkost.de** vermittelt die gesunde Variante der Familienküche.

Nusstorte

4 Eigelb	
250 g Zucker	verrühren,
2 EL Grieß	
1 Päckchen Backpulver	
250 g gem. Nüsse	
200 g gekochte und	
geriebene Kartoffeln	unterrühren.
evtl. 2 EL Rum	dazugeben.
4 Eiweiß	steif schlagen und zuletzt unterheben.
	Bei 180° C ca. 35–40 Min. backen.
	Die Torte kann nach Belieben gefüllt und/oder mit Schokoladenguss überzogen werden.

Für diese Torte werden kalte, gekochte Kartoffeln benötigt, die oft von einer Mittagsmahlzeit übrig sind. Statt der Kartoffeln kann auch die doppelte Menge Nüsse verwendet werden (so macht es **Christiane Senst** aus Berlin).

Von Familie Wöbke aus Westeregeln.

Zucker- oder Butterkuchen

für den Teig:	
500 g Mehl	in eine Backschüssel geben, in die Mitte eine Vertiefung drücken,
30 g Hefe, etwas Zucker	zerbröckeln und mit 1 TL Zucker hineingeben, mit etwas
¼ l Milch	lauwarmer Milch übergießen und mit etwas Mehl verrühren, so dass ein flüssiger Vorteig entsteht, der zugedeckt und warmgestellt 20–25 Min. gehen muss.
100 g Butter oder Margarine	
70 g Zucker	
1 Ei	
1 gestr. TL Salz	
abgeriebene Schale von	
½ Zitrone, 1 Prise Muskatblüte	mit dem Vorteig zusammenfügen, durchkneten, mit dem Rührlöffel schlagen, bis sich der Teig von der Schüsselwand löst.
	Zugedeckt 20–30 Min. gehen lassen.
	Den Teig ausrollen, ein gefettetes oder mit Backpapier ausgelegtes Backblech damit belegen, nochmals gehen lassen, mehrmals mit einer Gabel einstechen.
für den Belag:	
75 g Butter oder Margarine	zerlassen und die Teigplatte damit bestreichen,
100 g Zucker	
etwas Zimt	
1 Päckchen Vanillezucker	
100 g Mandeln	den Teig damit bestreuen.
⅛ l saure Sahne	Die Sahne darauf verteilen, dann 20–35 Min. bei 200–220° C backen.

Kann auch schnell mit der Küchenmaschine zubereitet und gut eingefroren werden.

Von Familie Conder aus Wielenbach.

Buttermilchkuchen

4 Tassen Mehl	
2 Tassen Buttermilch	
1 ½ Tassen Zucker	
3 Eier	
1 Päckchen Backpulver	Alle Zutaten zu einem flüssigen Teig verrühren und auf ein Backblech streichen.
1 Tasse Kokosflocken	
1 Tasse Zucker	mischen und auf dem Teig verteilen. 30 Min. bei 180° C backen, danach
2 Becher Schlagsahne	über den Kuchen gießen.

Von Christine Lorenz aus Lengefeld.

Leutewitzer Gärschecke

für den Teig:	
75 g Butter	
75 g Zucker	
150 g Mehl	
1 Ei	
⅓ Päckchen Backpulver	zu einem Teig verarbeiten und eine Springform (28 cm Ø) damit auslegen.
Schecke:	
500 g Quark	
150 g Zucker	
¼ l Milch	
1 Päckchen Vanillepudding	
1 Päckchen Vanillezucker	
¼ l saure Sahne	
1 Tasse Öl	
4 Eigelb	Die Zutaten für die Schecke gut verrühren, auf den Boden geben und 45 Min. bei 170° C backen.
4 Eiweiß	
4 EL Zucker	zu Schnee schlagen, auf den Kuchen geben und nochmals 10–15 Min. backen.

Von Christine Lorenz aus Lengefeld.

Schokoladenkuchen

3 Tassen Mehl **½ Tasse Kakao** **1 TL Salz** **2 Tassen Zucker** **1 EL Soda**	werden in einer Schüssel gut gemischt.
2 Eier **1 Tasse Salatöl** **1 Tasse Milch** **2 EL Essig** **1 Tasse heißes Wasser**	werden hinzugefügt und alles gut gerührt, bis eine einheitliche Masse entsteht. Der Teig wird nun in eine gut gefettete Kasten- oder Rhodonform gefüllt und für 40–45 Min. bei 180° C gebacken.

Von Familie Teubert aus Kiew.

Schokoladentorte

2 Becher Schlagsahne **1 TL Instant-Kaffeepulver** **200 g Edelbitterschokolade**	in einem Pfännchen erwärmen, bis eine gleichmäßige Masse entstanden ist, glatt rühren und über Nacht im Kühlschrank auskühlen lassen. Anderntags die Schokolademasse mit dem Handmixer steif schlagen.
1 Schokoladenbiskuit (evtl. fertig gekauft) **150 g Himbeer- oder Johannisbeer-Gelee**	zweimal durchschneiden. Den ersten Boden auf eine Tortenplatte legen. Die Hälfte vom Gelee auf den ersten Boden streichen und ¼ des Schokoladenrahms darauf streichen. Mit dem zweiten Boden bedecken. Die Oberseite des zweiten Bodens wiederum mit Gelee bestreichen und ¼ der Sahnemasse darüber verteilen. Mit dem letzten Biskuitboden abdecken. Die Torte mit dem Rest der Creme rundum bestreichen und auf der Oberseite ein wellenartiges Muster formen. Kühl stellen.
Kakaopulver **Schokoladenplättchen**	Die Torte mit Kakao bestäuben, den Rand evtl. mit Schokoladeplättchen garnieren.

Zum Selberbacken: ein Biskuit aus 5 Eiern herstellen und in einer Springform mit einem Durchmesser von 24 cm backen.

Von Familie Ganz-Greb aus Saland.

Dänischer Zimtkuchen

250 g Margarine	
200 g Zucker	
1 Päckchen Vanillezucker	
4 Eier	
250 g Mehl	
1 Päckchen Backpulver	
125 g gemahlene Nüsse	
1 EL Kakao	
1 TL Zimt	
2-3 geraspelte Äpfel	Aus allen Zutaten einen Rührteig herstellen und in eine Kastenform füllen. Bei 175° C im vorgeheizten Backofen ca. 45-55 Min. backen. Kuchen nach dem Erkalten mit Puderzucker bestäuben.

Von Familie Achenbach aus Haiger-Steinbach.

Obst und Boden in einem

Man kann auch jeweils die doppelte Menge Zutaten nehmen und auf ein Backblech geben.

100 g Margarine	zerlassen,
100 g Mehl	
100 g Zucker	
1 TL Backpulver	
2 Eier	alles verrühren.
1 Dose Mandarinen oder Himbeeren oder Blaubeeren	zum Schluss vorsichtig unterrühren. Den Teig in eine Springform geben und bei 175° C ca. 15-20 Min. (bei Umluft) backen.

Von Andrea Junge aus Oranienburg.

Käsekuchen mit Kirschen (ohne Teig)

100 g Butter	schmelzen,
1 Glas Kirschen	abtropfen lassen,
750 g Magerquark	
3 Eier	
60 g Grieß	
250 g Zucker	
1 Päckchen Vanillezucker	
1 Päckchen Vanille-Puddingpulver	
2 TL Backpulver	
1 Päckchen Zitronenzucker	vermischen, flüssige, etwas abgekühlte Butter unterrühren, Kirschen zugeben. Die Masse in eine gefettete und gebröselte Springform geben und bei 175° C (Umluft: 150° C) 60-70 Min. backen.

Von Barbara Jelinski aus Sulzbach-Rosenberg.

Variation:

Statt Kirschen anderes Obst nehmen. Vorteil: Der sonst so dicke und kalorienreiche Teigboden entfällt hier. Der Kirschsaft kann für eine Nachspeise verwendet werden, siehe z. B. S. 95.

Negerkusstorte

9 Negerküsse	Die Negerkussmasse (ohne Waffeln) mit dem
250 g Quark	Quark und dem
1 TL Zitronensaft	Zitronensaft vermischen.
200 ml Schlagsahne	steif schlagen und unter die Masse heben. Das Ganze auf einen gekauften Tortenboden oder einen selbst gebackenen Biskuitboden verteilen und im Kühlschrank mindestens 1 Std. kalt stellen. Kurz vor dem Servieren die Torte mit den Waffeln der Negerküsse garnieren.

Von Ruben und Silke Selle aus Dresden.

Zitronentörtchen

Mürbeteig (für ca. 22 Törtchen):	
200 g Mehl	in eine Schüssel geben,
½ TL Salz	beifügen,
100 g kalte Butter oder Margarine	in Flocken schneiden, sorgfältig verreiben, bis die Masse gleichmäßig fein ist,
2-3 EL Zucker	zugeben,
evtl. ½ Zitrone (Schale)	dazureiben,
1 Ei	in eine Vertiefung geben, den Teig sorgfältig und rasch zusammenfügen. Zugedeckt ca. 30 Min. kalt stellen. Kleine runde Förmchen einfetten oder Muffinblech verwenden. Teig ca. 2 mm dick ausrollen, runde Plätzchen ausstechen, die rundum ca. 1 cm größer sind als das Förmchen (Törtchen Ø ca. 9,5 cm). Teig in die Förmchen legen, Rand wenn nötig abschneiden, Boden einstechen. Törtchen blind backen. Den Boden evtl. mit Backpapier oder Alufolie und mit Früchtesteinen oder Hülsenfrüchten belegen. Bei 220° C 10–15 Min. in der unteren Ofenhälfte backen.
für die Füllung:	
100 g Butter	in einer Pfanne zergehen lassen,
150-200 g Zucker	beifügen,
4 Eier	verklopfen und beigeben
3 Zitronen	auspressen und Saft beigeben, von 2 Zitronen Schale dazureiben. Die Masse mit einem Schwingbesen gut mischen, unter ständigem Umrühren aufkochen, bis sie Blasen wirft. In eine Schüssel geben und auskühlen lassen. Hin und wieder rühren wegen Hautbildung. Die Füllung in die erkalteten Teigförmchen füllen und evtl. mit einer kleineren Zitronenscheibe und Blättern von z. B. Zitronenmelisse schön garnieren. Sofort servieren, sonst kann der Teigboden aufweichen.

Vor- und Zubereitung:
ca. 20 Min.
Kalt stellen:
30 Min.
Backen:
ca. 10–15 Min.

Übrige, ungefüllte Törtchen halten sich gut in einer geschlossenen Büchse.

Von Familie Bory, zurzeit Tschad.

„Wie ein gelb bepunktetes Servierbrett standen sie da … über hundert waren es! Nach der emotional gefüllten Stunde, die wir hinter uns hatten, lief uns das Wasser im Mund zusammen. Jetzt durfte es losgehen! Das Band war durchschnitten … der Apéro eröffnet, und unsere Hochzeitsgäste ließen sich von den „gelben Punkten", den süßen, superfeinen Zitronentörtchen verwöhnen", schreiben uns Sonja und Olivier Bory über die Erinnerungen, die mit diesem Rezept verknüpft sind.

Mandarinen-Baiser-Torte

Schmeckt auch mit Stachelbeeren oder Kirschen oder Himbeeren oder ... Am besten mit einem elektrischen Messer schneiden!

für den Teig:	
100 g Margarine	schaumig rühren,
100 g Zucker	
1 Prise Salz	
1 Päckchen Vanillezucker	zufügen.
4 Eigelb	nacheinander einrühren.
125 g Mehl	mit
1 gestr. TL Backpulver	vermischen und dazugeben.
ca. 3 EL Milch	Alles mit der Milch verrühren.
Margarine zum Einfetten	Zwei gleich große Springformen einfetten. Teig einfüllen und glatt streichen.
für das Baiser:	
4 Eiweiß	
1 Prise Salz	zu steifem Schnee schlagen,
200 g Zucker	
1 Päckchen Vanillezucker	langsam einrieseln lassen. Diese Baisermasse gleichmäßig auf beide Kuchenböden streichen. Im vorgeheizten Backofen auf unterster Schiene bei 175° C ca. 30 Min. backen. Aus der Form lösen und erkalten lassen.
In der Zwischenzeit für die Füllung:	
2 Dosen Mandarinen	abtropfen lassen.
3 Becher Schlagsahne	
3 Päckchen Sahnesteif	
2 Päckchen Vanillezucker	
2 TL Zucker	steif schlagen (von der Sahne ungefähr ⅛ l Rest lassen), Mandarinen darunter heben. (12 Stück für die Garnitur beiseite legen.) Einen Boden auf die Platte setzen. Mandarinensahne darüber streichen. Den zweiten Boden darauf setzen. Bis zum Servieren in den Kühlschrank stellen.
für die Garnitur:	
⅛ l Schlagsahne	Restliche Sahne steif schlagen, den Tortenrand dünn damit einstreichen und 12 Tupfer auf die Torte spritzen.
50 g Mandelblättchen	An den Tortenrand Mandelblättchen drücken, Schlagsahnetupfer
12 Mandarinen	mit den Mandarinen garnieren.

Von Conny Fischer aus Hemmelzen.

Herbststurm

für 4 Personen

5 Boskop-Äpfel	schälen, in kleine Stücke schneiden und in eine Auflaufform geben.
2 EL Rosinen	darüber streuen,
1 TL Bratapfelgewürz oder Zimt	darüber verteilen.
300 g Mehl	
150 g Zucker	
1 Päckchen Vanillezucker	
180 g weiche Butter	Aus Mehl, Zucker, Vanillezucker und Butter mit Hilfe eines Knethakens Streusel herstellen und über die Äpfel verteilen. Bei 170° C ca. 45 Min. in den Backofen. Noch warm mit Bourbon-Vanilleeis und einem EL Sahne servieren.

Kerstin Gräf aus Burbach. Sie schreibt dazu:

„Der ‚Herbststurm‘ schmeckt am besten, wenn es draußen kalt, nass und neblig ist. Er zählt beim alljährlichen Frauentag der Gemeinde zu den Höhepunkten …“

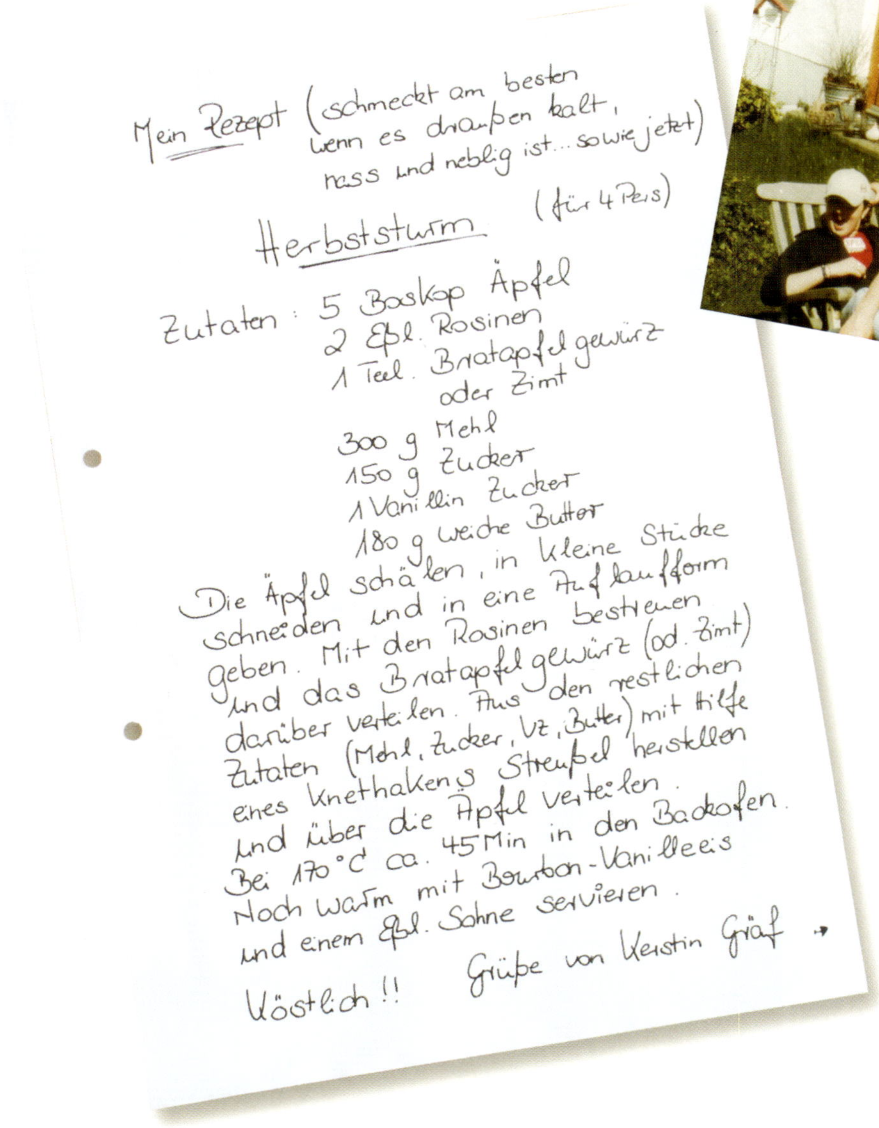

Mein Rezept (schmeckt am besten wenn es draußen kalt, nass und neblig ist... so wie jetzt)

Herbststurm (für 4 Pers)

Zutaten: 5 Boskop Äpfel
2 Eßl. Rosinen
1 Teel. Bratapfelgewürz oder Zimt
300 g Mehl
150 g Zucker
1 Vanillin Zucker
180 g weiche Butter

Die Äpfel schälen, in kleine Stücke schneiden und in eine Auflaufform geben. Mit den Rosinen bestreuen und das Bratapfelgewürz (od. Zimt) darüber verteilen. Aus den restlichen Zutaten (Mehl, Zucker, Vz, Butter) mit Hilfe eines Knethakens Streußel herstellen und über die Äpfel verteilen. Bei 170°C ca. 45 Min in den Backofen. Noch warm mit Bourbon-Vanilleeis und einem Eßl. Sahne servieren.

Köstlich!! Grüße von Kerstin Gräf

Apfelrolle

100 Jahre alt und beliebt bei Familie und Gästen.

für die Füllung:	
750 g Äpfel	klein schneiden,
80 g Zucker	mit Zucker,
1 TL Zimt	Zimt mischen,
gehackte Mandeln nach Belieben	
und / oder Mandelaroma	
Rosinen nach Geschmack	zugeben.
für den Teig:	
100 g Butter	Die Butter schaumig rühren,
130 g Zucker	
1 Ei	
1/8 l Milch	
(oder 3 Eier und keine Milch)	Zucker, Eier und Milch zufügen,
400 g Mehl	
1 Päckchen Backpulver	dann auf einer Arbeitsfläche das mit Backpulver vermischte Mehl rasch unterkneten. Den Teig nicht zu dünn ausrollen und die Apfelmischung darauf verteilen, Ränder frei lassen. Ausrollen und vorsichtig, am besten mit Hilfe eines „Kuchenretters", auf ein mit Backpapier ausgelegtes Blech legen. Das ist etwas heikel, manchmal zerbricht die Rolle ein bisschen, das ist aber nicht weiter schlimm. Bei 175° C ca. 35–40 Min. backen.

Von Familie Schwarz aus Deiningen.

Donauwelle

für den Boden:	
250 g Butter oder Margarine	Die Zutaten für den Boden zu einem Rührteig verarbeiten. Die Hälfte des Teigs auf ein etwas tieferes, mit Backpapier ausgelegtes Blech verteilen. Die andere Hälfte des Teiges mit dem Kakao verrühren und dann obendrauf verteilen. (Der Teig ist etwas zäh, aber mit Geduld geht es.)
250 g Zucker	
6 Eier	
375 g Mehl	
3/4 Päckchen Backpulver	
3 EL Kakao	
1 Glas Sauerkirschen	abtropfen lassen und die Kirschen gleichmäßig auf dem Teig verteilen, leicht andrücken (versinken beim Backen). Bei 180° C ca. 30–40 Min. backen.
für die Buttercreme:	
1 Päckchen Vanillepudding	nach Anweisung kochen, abkühlen lassen.
1/2 l Milch	
125 Butter	
125 g Margarine	
3-4 EL Puderzucker	verrühren und nach und nach den erkalteten Pudding unterrühren. Die Creme auf dem Kuchenboden verteilen, kalt stellen.
für den Schokoladenguss:	
200 g Schokolade	
(Kuvertüre oder Block)	
1 Würfel Kokosfett	Schokolade und Kokosfett im Wasserbad schmelzen lassen und auf dem Kuchen verteilen.

Von Familie Penner aus Halle / Saale.

Schwarzwäldertorte

1 Schokoladenbiskuit	
(kann man fertig kaufen)	zweimal (horizontal) durchschneiden,
750 g Sauerkirschen	
75 g Zucker	Saft ziehen lassen, dann aufkochen und im Sieb abtropfen lassen.
40 g Speisestärke	
250 ml Kirschsaft	Stärke in wenig Saft anrühren, in den übrigen Saft geben und aufkochen. Wenn die Masse eindickt, die abgetropften Sauerkirschen darunter mischen und
2 EL Kirschwasser	dazugeben.
6 Blätter Gelatine	in kaltem Wasser einweichen,
½ l Sahne	fast steif schlagen, Gelatineblätter langsam zugeben und weiterrühren,
etwas Vanillezucker	
wenig Zucker	zugeben.
Torte fertig stellen:	1. Biskuitboden, darauf 2. die Hälfte der Kirschcreme, 3. ein Drittel der Sahne 4. zweiter Biskuit 5. Rest der Kirschcreme 6. ein Drittel der Sahne 7. dritter Biskuit 8. mit restlicher Sahne garnieren, Rand mit Schokoladestreuseln verschönern. Vor dem Genießen kühl stellen.

Von Familie Küstner aus Flawil, die dazu schreibt:

„Nachdem die Mutter meines Mannes mich in ihr Rezept eingeweiht hat, fehlt diese Torte nun auch bei uns in der Schweiz kaum an einem Fest. Damit alle genug bekommen, wird sie oft auch in doppelter Ausführung hergestellt!“

Variante: Rätseltorte.

Gabriele Höfer aus Plettenberg empfiehlt diese Torte auch „für Ungeübte, es bedarf keiner großen Backkünste. Sie ist ideal, wenn sich kurzfristig Besuch angemeldet hat.“ Diese einfachere Form einer Kirschtorte besitzt einen Boden aus 250 g zerbröselten Butterkeksen und 125 Butter. Verkneten, in eine mit Backpapier ausgelegte Form (26 cm Ø) drücken. 2 Päckchen Frischkäse und 1 Tasse Zucker mit etwas Milch verrühren, auf die erste Schicht geben. Darauf 100 g gem. Nüsse oder Mandeln verteilen. 1 Glas Sauerkirschen abtropfen lassen, mit Tortenguss andicken, über die Nüsse geben, erkalten lassen. 250 ml Sahne mit 1 Päckchen Vanillezucker und 1 Päckchen Sahnesteif steif schlagen, auf die Kirschen geben. Mit Schokoraspeln verzieren.

Rosinenhäufchen

200 g Butter	schaumig rühren,
125 g Puderzucker	
1 Päckchen Vanillezucker	
2 Eigelb	unterrühren.
280 g Mehl	
2 EL Milch	langsam zugeben,
100 g gehackte Mandeln	
150 g Rosinen	
2 Tassen Cornflakes	unterkneten und kleine Häufchen formen.
	Bei 180° C 20 Min. backen.

Von Christine Lehmann-Hünlich aus Dresden.

Haferflockenkekse

250 g Haferflocken	
8 EL Öl	
2 EL Zucker	unter ständigem Rühren goldgelb rösten. Dann erkalten lassen.
2 Eier	
140 g Zucker	
5 Tropfen Bittermandelöl	schaumig rühren,
100 g Mehl	unterrühren,
	dann die Haferflocken beimischen.
	Mit zwei Teelöffeln Häufchen auf ein Backblech setzen. Bei mittlerer Hitze abbacken.

Von Susanne Schürger aus Feuchtwangen: „Sie gehen sehr schnell, schmecken sehr gut und halten sich lange."

Apfel-Gipfeli*

Ergibt 18 Stück

*Gipfeli = Hörnchen, Croissants.

	Ofen auf 220°C vorheizen.
300 g Blätterteig	auftauen und längs hinlegen und in 18 Streifen schneiden.
1 ½ große Äpfel	schälen, Kerngehäuse entfernen, halbieren. Jede Hälfte in sechs
(Golden Delicious)	Schnitze teilen.
	Jeden Schnitz mit einem Teigstreifen so umwickeln, dass ein Gipfeli entsteht.
	Mit genügend Abstand auf ein gefettetes oder mit Backpapier ausgelegtes Backblech legen.
	In der Ofenmitte 12-15 Min. backen, bis sie gebräunt sind.
Zucker, Zimt	mischen und sofort nach dem Backen über die heißen Gipfeli streuen.

Von Laura Zaugg aus Nidau. Sie empfiehlt: „Kann auch Papa mit den Kids zum Muttertag (oder einfach zwischendurch) backen!"

Bananentorte für Eilige

1 gekaufter Wiener Boden (dunkel)	auseinandernehmen, den untersten Boden auf eine Tortenplatte legen.
2 Bananen	schälen, in der Mikrowelle erwärmen,
1 Spritzer Zitronensaft	zufügen, dann mit einer Gabel zerdrücken. Masse auf den Boden streichen, den zweiten Boden obenauf legen.
weitere 2 Bananen	Genauso verfahren, den dritten Boden auflegen.
2 Becher Sahne **Zucker nach Belieben**	steif schlagen, die Torte damit ringsherum bestreichen.
Schokoraspel (oder anderes Dekomaterial)	die Torte bestreuen. 1 Stunde kaltstellen.

Von Christiane Hermsdorf aus Chemnitz.

Leinsamen-Brot

450 g Mehl (350 g Weizen, 100 g Roggen) 200 g Leinsamen 1 TL Salz 10 g Natron = 2 TL ¼ l Buttermilch	Alles mischen, gut durchkneten und in eine gefettete Kastenform geben. 1 Std. bei Mittelhitze backen.

Von Christine Lehmann-Hünlich aus Dresden.

Buttermilchbrot

500 g Mehl 100 g Haferflocken 1 Tütchen Trockenhefe ½ l Buttermilch 3 TL Salz Inhalt aus einem Fencheltee-tütchen oder gehackter frischer Fenchel 1 EL Honig 125 g Magerquark 1 Ei 2 EL Öl	zu einem glatten Teig verkneten. Den Teig 30–40 Min. abgedeckt an einem warmen Ort gehen lassen. Nochmals kneten und in eine gefettete Kastenform füllen. Etwa 30 Min. aufgehen lassen und bei 175° C ca. 60 Min. backen.
Variation:	Als Fladenbrot auf einem mit Backpapier ausgelegten Blech bei 200° C backen. Die Backzeit verkürzt sich dabei um etwa 20 Min.

Von Maren Meys aus Daaden.

Stockbrotteig für eine Kinderparty am Lagerfeuer

2 kg Mehl 4 Würfel Hefe 2 TL Zucker 1 l Milch 4 TL Salz 350 g Margarine	zu einem Hefeteig zusammenfügen, gehen lassen.
lange Stöcke, am besten Weidenruten	von den Kindern suchen lassen und an einem Ende etwas anspitzen (je nach Alter können das die Kinder auch selbst übernehmen). Eine Handvoll Teig zu einer „Schlange" rollen, um das angespitzte Ende wickeln, festdrücken, über dem Lagerfeuer unter Drehen backen. Der Teig ist auch halbierbar, falls die Kinderhorde kleiner ist.

Von Dana Schulz aus Berlin.

Partybrot

für 5-6 Personen

- **1 Würfel Hefe**
- **2 TL Zucker**
- **¼ l Wasser (knapp)**

Hefe und Zucker in Wasser auflösen.

- **1 TL Salz**
- **600 g Mehl**
- **200 g Kräuterfrischkäse**

mischen, dann zugeben und alles mindestens 5 Min. kräftig zu einem elastischen Teig kneten. Zugedeckt 20 Min. an einem warmen Ort gehen lassen.
Den Teig zu einem 50 x 30 cm großen Rechteck ausrollen.

- **100 g weiche Butter**
- **1 Beutel Zwiebelsuppe**

Die Butter mit dem Zwiebelsuppenpulver verrühren, die Teigplatte damit bestreichen und von der Längsseite her aufrollen.
Den Strang mit einem scharfen Messer längs halbieren und die Hälften so miteinander verschlingen, dass die Schnittflächen oben liegen.
Auf ein mit Backpapier ausgelegtes Backblech setzen und 15 Min. gehen lassen.
Anschließend im auf 200° C (Gas Stufe 4) vorgeheizten Ofen 20 Min. backen.
Wenn möglich warm servieren.

Bei Allergikern kann man die Butter statt mit dem Zwiebelsuppenpulver auch mit frischen Kräutern aus dem Garten und evtl. Speckwürfeln vermischen.

Von Familie Lutz aus Dußlingen.

Variante: Käse-Zwiebel-Brot

Aus 1 kg Mehl, 2 Päckchen Trockenhefe und ¾ l Wasser einen Teig herstellen, 1 Std. gehen lassen. Salz, 4 große, fein geschnittene Zwiebeln, gewürfelten Schnittkäse, Schinken, Kräuter (nach Geschmack oder soviel der Teig aufnimmt) unterkneten. Mit Butter bepinseln, bei 180°C 45 Min. backen. Dazu: Kräuterbutter.

Von Christine Lehmann-Hünlich aus Dresden.

Hot Cross Buns (Heiße Kreuzbrötchen)

1 TL Zucker	
25 g Hefe	
150 ml lauwarme Milch	
50 ml lauwarmes Wasser	verrühren.
100 g Mehl	daruntermischen.
	20–30 Min. stehen lassen (oder bis der Vorteig Blasen wirft).
350 g Mehl	
45 g Zucker	
1 gestr. TL Salz	
1 gestr. TL Lebkuchengewürz	
½ TL Zimt	
100 g Korinthen	
50 g Früchtemix, gewürfelt (Zitronat etc.)	mischen.
50 g Butter, gern flüssig und	
1 verquirltes Ei	mit Mehl-Gewürz-Mischung zum Vorteig geben, zu einem weichen Teig verkneten und weiterkneten, bis der Teig sich von der Schüssel löst. Auf ein bemehltes Backbrett geben und 5 Min. kneten. Teig zudecken und gehen lassen, bis er sich verdoppelt hat. Nochmals kurz durchkneten und in 12 gleiche Stücke teilen. Runde Brötchen formen. Mit genügend Abstand auf ein mit Backpapier ausgelegtes, bemehltes Backblech setzen. Zugedeckt 30 Min. gehen lassen. Mit einem scharfen Messer oben ein Kreuz einschneiden. Auf der mittleren Schiene bei 220° C 20–25 Min. backen. Sofort nach dem Herausnehmen gut mit der Glasur bestreichen, auf einem Gitter abkühlen lassen.
für die Glasur:	
50 g Zucker	
45 ml Milch	Zucker in der Milch auflösen und 2 Min. kochen.

Von Familie Conder aus Wielenbach.

Gaby Conder schreibt dazu: „Diese süßen Brötchen kommen aus England, der Heimat meines Mannes, und werden traditionell am Karfreitag gegessen (also am Vorabend vorbereitet). Sie schmecken aufgeschnitten mit Butter bestrichen am besten. Wir reichen sie auch gern an unsere Nachbarn weiter."

Predigerbrot

6 Scheiben gek. Schinken	
1 Dose Ananas	in kleine Stückchen schneiden, in eine Schüssel geben,
Pfeffer, Salz, Paprika	nach Belieben hinzufügen,
200 ml Schmand	
200 g geriebener Gouda	dazugeben.
	Die Zutaten gut vermengen,
6 Aufbackbrötchen	auf die aufgeschnittenen Brötchenhälften streichen.
	Bei 200° C ca. 20 Min. in den Backofen.

Ein Familienrezept von Nicole Becker aus Ense-Niederense.

Varianten:

- mit Hackfleisch: Anstelle der Ananas und des Schinkens kann man vorgebratenes Gehacktes, Paprikastückchen und Pilze verwenden.
- mit Schmelzkäse und Zwiebeln: 400 g Rahmschmelzkäse mit 40 g Butter schaumig rühren, 200 g gekochten Schinken und ½ Zwiebel würfeln. Mit Knoblauchpulver würzen, in die Käse-Butter-Masse mischen. Masse auf die Brötchen geben, überbacken. Von **Familie Seid** aus Freudenstadt-Igelsberg.
- Pizzabrötchen: Für 10 Brötchen je 1 kl. Dose Pilze und Tomaten, je 200 g Schinken und geriebenen Emmentaler, 2 hart gekochte Eier, 2 EL Mayonnaise mit etwas Petersilie, Pizzagewürz und Ketchup verrühren, Masse auf die Brötchenhälften streichen, überbacken. Von **Monika Rosenberger** aus Maulbronn.

Kräuterbrot

für 4 Personen

100 g Butter	
4 Ecken Kräuterstreichkäse (oder eine 200 g-Packung)	
¼ l Sahne	mit einem Mixer glatt rühren. Butter und Streichkäse am besten ½ Std. vorher aus dem Kühlschrank nehmen.
100 g geriebenen Emmentaler	dazugeben und unterrühren.
2 Zwiebeln	
2 Gewürzgurken	
2 hart gekochte Eier	
je 2 Bund Schnittlauch und Petersilie	
4 Knoblauchzehen (nach Belieben)	Diese Zutaten fein schneiden und ebenfalls unter die Käsecreme rühren.
2 Stangen Weißbrot	in fingerdicke Scheiben schneiden und jede Scheibe ca. 1 cm dick mit der Kräutermasse bestreichen, dabei das Brot auf einem mit Backpapier ausgelegten Backblech wieder zusammensetzen. Bei 190 ° C ca. 30 Min. im Backofen backen, dann heiß servieren.

Dazu schmecken am besten Salate.

Von Iris Buck, per E-Mail.

Rezeptverzeichnis

Register